| 中国当代研学丛书 |

文化

商周青铜器雕塑

张耀 | 著

中央编译出版社
Central Compilation & Translation Press

图书在版编目（CIP）数据

商周青铜器雕塑／张耀著．—北京：中央编译出版社，2020.3
ISBN 978-7-5117-3783-0

Ⅰ.①商⋯
Ⅱ.①张⋯
Ⅲ.①青铜器（考古）—研究—中国—商周时代
Ⅳ.① K876.414

中国版本图书馆 CIP 数据核字（2019）第 286052 号

商周青铜器雕塑

出 版 人：葛海彦
责任编辑：王丽芳
责任印制：刘 慧
出版发行：中央编译出版社
地　　址：北京西城区车公庄大街乙 5 号鸿儒大厦 B 座（100044）
电　　话：(010) 52612345（总编室）　　　(010) 52612339（编辑室）
　　　　　(010) 52612316（发行部）　　　(010) 52612346（馆配部）
传　　真：(010) 66515838
经　　销：全国新华书店
印　　刷：三河市华东印刷有限公司
开　　本：710 毫米×1000 毫米　1/16
字　　数：160 千字
印　　张：14
版　　次：2020 年 3 月第 1 版
印　　次：2020 年 3 月第 1 次印刷
定　　价：78.00 元

网　　址：www.cctphome.com　　邮　箱：cctp@cctphome.com
新浪微博：@中央编译出版社　　　微　信：中央编译出版社(ID: cctphome)
淘宝店铺：中央编译出版社直销店(http://shop108367160.taobao.com) (010) 55626985

本社常年法律顾问：北京市吴栾赵阎律师事务所律师　闫军　梁勤
凡有印装质量问题，本社负责调换，电话：(010) 55626985

序　言

　　从公元前16世纪前后起到公元前3世纪左右，一千三百多年的时间里，遍布中国大地的采铜矿场，一车车铜矿石被源源不断地开采出来，大型的铸铜场所熊熊炉火经年不熄，大批的奴隶甚至是耗费一生的心血进行着雕塑、翻模、浇铸青铜的工作，一件件鼎、簋、爵、鬲，被摆放在神秘庄严的祭祀场、奴隶主享乐欢歌的宴会上，埋入奴隶主豪华的坟墓中。这些凝聚着血与火，展现着古代艺术风采的青铜器。雕塑精美，气势庄重威严，成为显示奴隶制社会权力财富的象征，造就了灿烂辉煌的中国青铜时代。然而与商周青铜器及青铜器雕塑在那个时代所处的重要位置相对照的是，我国古代的历史典籍对代表中国远古文明的青铜器的提及可谓凤毛麟角。有籍可查的记载最早在汉代，据《汉书·郊祀志》记载，由于汉都长安正在西周王朝沣镐的京畿地区，汉武帝、宣帝时都曾出土过青铜器，博古通今的汉臣张敞根据出土的一件鼎上的铭文曾考证出："此鼎殆周王之所以褒赐大臣，大臣子孙刻铭其先功，藏之于宫庙也。"至此之后，青铜器艺术仿佛湮没在茫茫的历史长河之中，悄无声息。青铜器再一次被史学界提及已是距商周一千多年之后的宋代，宋哲宗时期的学者吕大临通过对藏于官宦之家及流落民间的商周青铜器的整理研究，编纂了《考古图》，此书第一次系统性地对青铜器的器形、名称、用途、铭文进行分类分析，是我国第一部重要的关于商周青铜器的研究图书，青铜器才作为历史资料被正式纳入中华文化的研究范围。

随着出土青铜器的增多和青铜器本身所显示出的独特的艺术史料价值，近代关于商周青铜器的研究日渐兴盛，学者著述颇丰，著名的研究学者有容庚、郭沫若、郭宝均、陈梦家、马承源等。容庚在1925—1936年间编著了《金文编》《宝蕴楼彝器图录》《颂斋吉金图录》《海外吉金图录》《商周彝器通考》等，收集整理了大批包括遗失海外的商周青铜器的资料，并对铭文、纹饰、断代、分类等方面给予了详细的研究，具有很高的文献价值。国学大师郭沫若先生在1932年编著了《金文从考》《金文余释之余》《西周金文辞大系图录考释》等著作，对商周青铜器铭文进行了系统的综合研究，用历史唯物主义的观点把商周青铜器铭文的研究和古代的史实明确结合起来，开发了商周青铜器的历史史料价值，并且在文字训诂方面确立了权威地位，使商周青铜器研究成为一个综合的研究体系。其他的学者参考不断出新的青铜器考古发现，将商周青铜器的研究不断推向前进，形成了百家争鸣的局面。著名的论著有郭宝均的《商周青铜器群综合研究》，陈梦家的《西周铜器断代》，马承源的《中国古代青铜器》《中国青铜器全集》。这些关于青铜器的论著从不同的侧面，由不同的角度对其进行更加全面的分析，大大丰富了商周青铜器研究的内涵。更重要的是，新中国成立以后，随着国家对古代历史文化遗产的重视，以及文保工作的深入，大批出土的青铜器得到了极为有效的保护，也为对其更加准确翔实的研究提供了第一手资料，既对前期的研究起到了察疑补缺的作用，又促成了很多新观点的产生，商周青铜器的研究工作真正步入了正轨。

然而综合前辈及迄今为止的商周青铜器研究，概括起来不难发现，他们无不着重在四个方面的研究。第一，关于商周青铜器的断代分期研究。所谓断代，就是用科学的方法来准确确定某一件特定青铜器或一组青铜器群所属的固有的时代，"一件青铜器包括造型、纹饰和铭辞等一个方面或多个方面的研究价值，而以上三个因素都是在一定社会条件下的产物，断代的任务是把一件青铜器还原到它本来所属的年代，使之可以放到原来的历史条件下来考察"①。郭沫若、郭宝均、马承源先生均在青铜器断代分期上有独特的见解。郭沫若在他的《彝器形象学试探》一书中，将青铜器的发展分成五个时期，即滥觞期、勃古期、开放期、新式期、衰落期，基本上确定了青铜器分期断代的标准。而马承源先生在此基础上又提出了新的分期，即育成期、鼎盛期、转变期、更新期、青铜器的衰退，此外还有郭宝均先生等人的不同的分期、各种断代分期研究虽然侧重点不同，但都根据商周青铜器的花纹、造型、铭文结合出土地点做出了自己的分期断代，理顺了青铜器诸多特征与社会时代特征的关系，为其他方面的深入研究提供了主导方向。第二，是关于青铜器器形分类的研究。商周青铜器是以具体的造型面貌而出现的，各种造型由于与实用功能、思想内涵结合紧密，其名称类别在史籍中又较少提及或冠名错讹，因此有必要清楚地区分青铜器的性质和具体的实用功能，

---

① 马承源：《中国青铜器》，上海古籍出版社2003年版。

从而更好地研究具有同一性质功能的青铜器之间的差别、变化，从中找出这种变化所产生的各个方面的原因及体系特征。早期学者对青铜器的分类虽然纷繁复杂，但也基本达成了一致，可分为几个大类，即兵器、酒器、食器、水器、乐器、杂器。最为常见的几种青铜器名称也比较明确，如鼎、爵、卣、盘、觥、壶、戈、钺、簋、鬲、彝、匜、钟等都得到了史学界的认可。对青铜器分类的研究是最直接反映各种各样青铜器性质、造型的研究工作，它是其他各项研究的基础。第三，对青铜器纹饰的研究。商周青铜器上的纹饰诡异瑰丽，雕饰种类、内容、方法众多，之所以吸引我们对它进行研究，纹饰所具有的审美功能是一个主要的原因之一。纹饰还具有一定的承前启后的嬗变过程，无论是对原始纹样的继承吸收发扬光大，还是对魏晋、汉唐纹样装饰的影响深远，都是中国文化的一笔宝贵的艺术财富。对纹样的研究主要集中在内容和形式上，内容上主要包括各种动物和几何纹样，如神秘化的龙纹、夔纹、凤纹，来自现实生活的变形牛、羊、象、虎纹等；形式上则因时代的不同，或刚健粗犷，或秀美细致，这些大都属于美术学的范畴，对我国古代艺术的综合性研究起到了积极的作用。第四，对青铜器铭文的研究。青铜器上铸刻铭文是商周特别是西周时期青铜器的重要标志，西周时期的很多青铜器不是以器物造型而是以铭文所著称的，如墙盘、大克鼎、毛公鼎、大盂鼎等。青铜器铭文中包含有许多重要的史实史料，因而格外为史学家、经学家所重视。龚自珍曾说"凡古文，可以补许慎书之阙；其韵，可以补《雅》、《颂》之隙；其礼，可以补逸礼；其官位氏族，可以补《世本》之隙；其言，可以补七十子大义之隙"，古文即铭文。郭沫若也认为"传世两周彝器，其有铭者已有三四千具以上，铭辞之长有几及五百字者,说者每谓足抵《尚书》一篇,然其史料价值殆有过之而无不及",可见对青铜器铭文的史料价值是极其重视的。

关于青铜器铭文与中国文字的发展、书法艺术的关系,也是有关学者研究的重点。青铜器铭文,其字形字意于今大为不同,比较难以理解。早在宋代吕大临、王楚等已经辨识了好几百个青铜器铭文文字,并逐渐发现了一些金文构型规律,为进一步理解青铜器铭文字义打下了基础。唐兰和于省吾、郭沫若先生总结自己的经验,也对铭文文字研究做出了贡献。如唐兰先生的比较法、推勘法、偏旁分析法和历史的考证法,都对青铜器铭文文字的辨析起到了可借鉴作用。新中国成立以后对商周青铜器铭文的书法艺术特征的研究方兴未艾,铭文书法由于书写的格式、形式独具特色,对当代书法艺术的影响也很大。马承源先生就在他的《中国青铜器》一书中详细地论述了青铜器铭文的书法艺术特色及其时代的演进过程。

此外,对商周青铜器的研究还包括对青铜器铸造技术的研究、防伪青铜器的研究等多方面。对商周青铜器以上几大方面的研究为我们能从总体上观察青铜器提供了详细的资料和重要的方法论,从中可以了解商周社会政治、经济因素对青铜器的产生与发展的重大影响作用,其中的史料价值也为我们续写中国历史的脉络,显得何其宝贵。我国新时期进行的夏商周断代工程有很大一部分重要的资料就是直接来自青铜器的发掘与铭文研究,说明商周青铜器的综合研究价值是无法估量的。

但是这里有一个问题,商周青铜器的各项研究工作,看似包罗万象,蓬蓬勃勃,但却存在着疏漏。无论是对青铜器的断代、纹饰、分类,还是对文字、书法、铸造的研究,都忽略了青铜器本身是一件精美的造型艺术作品，忽略了它首先是以具有审美性质的整体艺术形态出现的这一事实。它的出现不仅仅是有社会政治经济的原因，也不仅仅具有实用的功能、经济的价值、记录史实的价值，更重要的是它具有特定的反映时代特色的艺术造型形式和艺术表现手法，明白地说，就是它首先是一个雕塑形式，一种极为特殊的雕塑艺术形式，具有雕塑艺术的特征。翻开中国雕塑艺术史，谈及商周时期的雕塑艺术，目光仅仅关注在玉雕、陶塑和普通意义上的铸铜雕塑上。这些雕塑在商周时期是比较少的，而面对众多青铜器雕塑精品，要么寥寥数言，一笔带过，要么将其归入工艺美术之类，以实用器的装饰艺术出现，这不能不说是一个很大的失误和缺憾。

艺术是文明的象征，是一个国家一个民族精神文化的心灵表现，也是智慧与审美趣味的特殊外在形式。雕塑作为一种独特的艺术形式，在人类的审美造型活动中产生最早，它是物质的，以造型、质感、复杂的结构成为最接近人类生活现实形态的，经过雕刻和艺术手法处理升华了的静态造型艺术。"从一定意义上讲，它是人类形象的历史，反映着不同时期人类的感情世界和文化艺术的审美倾向，被认为是典型的造型艺术。"[1] 从某方面来说，我们研究一个国家民族的文明史，雕塑是最好的研究对象，在世界四大文明中，雕塑艺术是最直接、最多被提及的艺术形式。这首先是因为雕塑能最直观反映这个国家和民族的性格和社会政治经济特征。我们看埃及雕塑，那遍布在上下埃及神庙里的庞大法老雕像和无数的由奴隶鲜血汗水凝结而成的深邃高大的陵墓，直接说明了

---

[1] 刘凤君：《美术考古学导论》，山东大学出版社2002年版。

埃及奴隶制社会王权的巨大威力和奴隶主对社会财富的完全占有。我们看古希腊雕塑，那健硕的运动员雕像、优美的阿芙罗狄忒（维纳斯）雕像，也能看出希腊城邦社会里平民与贵族的审美趣味和对生活的热爱。两河流域巨大的花岗岩石雕猛狮扑人和建筑上野蛮血腥的狮与人、狮与牛搏斗的大面积浮雕，都完整鲜明地以雕塑艺术的形式展现了人类早期社会的阶级关系是赤裸裸的剥削与压迫的关系，以及在这种阶级关系存在条件下人类所产生的对抗与对美好生活的向往。这种关系的残酷性和必然性虽然在绘画、建筑、文学、诗歌等方面都有所表现，但其震撼力和可直接触及与感受到的空间实体性是无法与雕塑艺术比肩的。另外，雕塑也是人类精神世界的最容易感知的外在空间实体，早期原始人类的精神世界最直接的表现就是宗教与巫术。人类是有思想的动物，一经诞生就存在着精神和物质的两大世界。由于科学地认识世界的能力尚处在愚昧状态，早期人类文明认为在与人类现实生活平行的另一个世界，是一个能主宰人的生命祸福的神灵的世界，并且为了自身的生存不仅要与自然界做殊死搏斗，而且还要取得冥冥之中神的佑护，在各个世界文明中这种巫教都是非常盛行的，是早期人类生活中最重要的精神活动。这种精神活动对早期的雕塑无论是造型还是雕塑的内涵产生着重大而深刻的影响，有的作为图腾偶像，有的作为具有特殊意义的装饰品。中华文明、埃及文明甚至于太平洋彼岸的玛雅文明都具有显著的宗教巫神文化特性，这在所遗留下的雕塑艺术作品中非常明显。埃及的长着鹰头、猫头的人神和长着人头的狮身人面像，都是宗教神秘文化对雕塑艺术造型带来的直接结果。他们相信这些特殊的形象掌握着人的生杀大权，只不过随着阶级和阶级社会的产生，拥有私有财产的奴隶主为了自己本阶级的需要将自己打扮成神的后裔、神的使者、神在人间的代言人，从而利用其愚弄广大的下层人民和巩固自己的统治。玛雅文明的统治者同样将自己说成是天之子，是天上的太阳，那些装饰着黄金宝石或以黄金宝石雕塑的人的头颅、骷髅，显示着统治者对甚至是人的生命的无情占有，从雕塑上看，这种统治更形象更残酷更真实。

雕塑当然附有一定的历史史料价值，可以从中分析出某个社会某个时代的经济生活和政治生活特征，但这仅仅是雕塑艺术所给予我们的实用价值之一。作为一种艺术产品，我们还应该重视它的艺术精神价值，这种价值是永恒的。

对青铜器研究而言不能不说是大师辈出，收获颇丰，但此前对商周青铜器雕塑研究的疏漏是显而易见的，这里有从事研究者术业有专攻的个人原因也有历史的原因。在中国古代，雕塑艺术的发育是非常不完整的，远古时代我国早期雕塑艺术萌芽所显露出的生动、活泼、天真和纯朴，是艺术对生活的歌颂和欣赏，"是一派生气勃勃，健康成长的童年气派"。然而进入阶级社会，雕塑艺术受到的束缚骤然加剧，生存的空间是非常狭小的，它被用来作为一种政治和宗教的统治工具，在统治者的手中挣扎成长，不是以宗教偶像出现（如石窟、寺庙中的佛、菩萨），就是被埋入暗无天日的坟墓中陪葬死人（如各个时期的俑、帝王将相陵墓前的陵墓雕刻）。雕塑只是小技小艺，从事雕塑艺术创作的人也只是一般的工匠技术工人而已。有关雕塑艺术的记载也极少，创造了华夏民族辉煌雕塑史的雕塑家也无留名留姓，这和中国古代雕塑在世界雕塑艺术史上所取得的地位极为不相称。

商周青铜器首先是属于艺术的范畴。青铜器不是一般的以青铜为材料铸造的简单的具有一定造型和思想内涵的实用器皿，它要先具有审美功能，再以审美发挥其所有上述的其他诸如史料、实用的功能，否则在将近一千多年的时间里我们的祖先不会一而再、再而三地对青铜器进行造型、纹样、雕饰的改革变化。从一个方面讲，商周青铜器甚至是属于纯艺术的精神上的审美再现，它有美的形式、丰富的艺术表现内容和完美的雕塑技法。由此表现出的艺术风格也极其独特，对它的艺术方面的理论研究无疑对完备中国古代雕塑艺术是起重要作用的，这也是本书最初的写作心得和出发点。

  基于以上所述，这本书的重点在于结合前人的研究成果，对商周青铜器雕塑艺术做一个较为全面的阐述。第一部分是雕塑理论方面的论述，主要阐明商周青铜器的雕塑艺术特征，鲜明而独特的雕塑艺术风格及其雕塑艺术的表现形式，也包括论证了青铜器雕塑更为具体详尽的制作方法。第二部分按照新的分期，着重分析研究了商周各个时期青铜器雕塑的艺术特征和造型特点，雕塑艺术风格的变化及其之间的承袭关系。第三部分则论证了商周青铜器雕塑艺术在中国古代雕塑艺术史上的重要地位。我以为，从以上三个部分基本上可以完整地概括论述商周青铜器雕塑艺术的全貌。但是中国古代雕塑何其浩繁，商周青铜器雕塑的研究也是非常复杂的，头绪繁多，有些部分的研究还需跨学科，不是一个人一代人能一次完成的。唯希望本书能引导一个对商周青铜器雕塑研究的良好开端，引更多的学者来关注商周青铜器雕塑，使商周青铜器以其艺术的本来面目展现在世人的面前。

张耀

目 录

一、商周历史概况 …………………………………………………… 1

1. 从成汤到纣王——殷商史话 ………………………………… 1
2. 周原部落——西周、东周的兴衰 …………………………… 5

二、关于商周青铜器 ………………………………………………… 10

1. 商周时期铜的开采与青铜冶炼 ……………………………… 10
2. 商周青铜器的铸造 …………………………………………… 16
3. 商周青铜器的分类研究 ……………………………………… 24
4. 商周青铜器的主要器物类型 ………………………………… 29
5. 重要的商周青铜器发掘和典范器物 ………………………… 35
6. 商周青铜器铭文研究 ………………………………………… 47

三、商周青铜器勃兴的时代背景 ····· 55
1. "铸九鼎,象九州" ····· 55
2. 尚鬼神,崇迷信,建礼教的时代风气 ····· 60
3. 手工业经济的发展与发达 ····· 64

四、商周青铜器与雕塑艺术 ····· 69
1. 空间与实体——独立立体的雕塑艺术形态 ····· 69
2. 一件青铜器雕塑的诞生——商周青铜器制作与雕塑 ····· 78
3. 雕与塑——丰富多彩的雕塑艺术表现形式 ····· 85
4. 诡异瑰丽——奇特的雕塑艺术风格 ····· 105

五、商周青铜器雕塑艺术的成熟与发展 ····· 120
1. 商代早期的青铜器雕塑艺术——由陶到青铜 ····· 120
2. 商鼎盛时期的青铜器雕塑艺术——雕塑形态的确立与繁荣 ····· 132
3. 西周时期的青铜器雕塑艺术——成熟的美 ····· 147
4. 商周后期的青铜器雕塑艺术——日暮西山 ····· 161

六、商周青铜器雕塑与中国古代雕塑艺术史 ····· 175

主要参考书目 ····· 184

后　记 ····· 186

再　记 ····· 191

附图:部分流失海外的商周青铜器图录 ····· 194

一、商周历史概况

1. 从成汤到纣王——殷商史话

五千多年前,中国广袤的大地上出现了以亲缘关系为纽带的氏族部落群体,这些氏族部落在一定范围内聚族而居,具有初步的社会文化形态,各氏族部落通过不断地兼并和发展,逐渐在黄河流域形成以尧、舜、禹为首领的三个强大的氏族部落联盟,这一时期是我国原始社会向奴隶制社会过渡的重要时期,私有制初露萌芽。为了扩大领地和攫取更多的私有财产,个个联盟部落之间军事上互相攻伐,在这个过程中,掌握着私有财产的氏族联盟首领拥有很高的权利,但同时为了维护各个集团的独立和稳定,在氏族集团内部的事务上,又具有一定的民主制特点,特别是在部落氏族王权的继承问题上,能够根据"选贤与能"的原则,推荐氏族联盟的首领继承人。

以民主制度的"禅让"方式推选氏族首领继承人在黄帝时代已经

形成。黄河流域以黄帝族为主体的部落联盟，在部落内部设立了最高权力机构——四岳十二牧会议，也即部落联盟会议，以便用来处理部落联盟之间的政事、宗教和战争事务，维持氏族部落内部的生存和发展，在最重要的推荐部落联盟继承人的重大问题上，采用了民主选举的方式，这就是我国古代社会令人津津乐道的"禅让"制度。

传说尧欲让位于徐由、巢父，徐由、巢父不肯而最终禅位于舜，舜年老时在部落联盟会议上，因禹治洪水有功而禅位于禹，禹是"禅让"制度下产生的最后一个部落联盟首领。"禅让"制在这一时期起到了稳定氏族社会发展的重要作用。尧、舜实行禅让制是当时特定社会政治现实的必然，一方面，尧、舜虽然具有雄厚的私人资产，但这种私有化是在氏族的强大基础上才能实现的，因此为了氏族的整体强盛，氏族首领必须首先为本部族的公共利益着想，进而做有利于氏族群体的实际工作，尧、舜由于在这方面很突出因此有很高的德行威望，前任首领亲子的势力不足以取得整个氏族的信任而夺取王位；另一方面，由于私有制的发展和阶级力量的进一步分化，氏族贵族包括其本人的子嗣都具有很强盛的力量，他们也把王位看作是私有的特殊物质，企图完全占有。尧、舜面对这种社会情况也不得不以禅位来缓和矛盾，分化各部落的对抗力量。禅位制度到禹继位后，氏族社会形态发生了很大的变化，私有化更加集中，以禹为代表的大氏族贵族的力量更加强大，使得其他氏族势力不能与其抗衡，禹后期通过发动强权战争，地位得到巩固，使得"四方归之，群土以王"，奴隶社会的基本阶级结构和意识形态已经形成。禹死后，其子启继位，"传子"制代替了"禅让"制。启约在公元前21世纪建立了夏王朝，我国自此开始进入了阶级社会。禹传位于子启,不是偶然,而是人类社会发展的必然产物,是人类社会历史发展的一大进步。

确立我国奴隶社会制度的夏代共历十三世十二王,四百余年的时间里社会生产力水平进一步得到提高,为商周两代我国奴隶制的高度发达打下了坚实的基础,对商周政治、经济、文化的进一步发展做了充分的物质的、思想上的准备。

商代是我国第二个以奴隶制社会政治为基础的朝代。商族最初居住在黄河下游,是一个有着悠久历史的氏族部落,传说商的祖先契,是其母简狄在河里沐浴时吞玄鸟蛋有孕而出生的,说明契生活的那个年代商族还正处在只知其母不知其父的母系氏族社会。契是与禹同时代的人,曾协助大禹治水有功,舜任命他为司徒,"封于商,赐姓子氏"①,从此始有"商"的名称,商族经过繁衍发展,逐渐成为夏朝东邻的一个强大的部落联盟。

商在兴起的过程中因为氏族发展与生存环境的变化,活动的中心区域曾多次迁移,从契到汤就有八次之多,直到汤最后定都于亳(今河南郑州一带)。汤是一位贤能的氏族首领,继位后任用伊尹、仲虺为相,重视生产,整顿军事和政治,氏族群体得到蓬勃发展。随着商族强盛,其势力已经遍布黄河中下游地区,并在汤的领导下开始积极准备力量灭夏。汤首先借口葛国不行祭祀之礼出兵灭了夏的盟国葛,使附近的部落纷纷归降,经过多次大的战斗,"十一征而无敌天下",后来又挟余威灭了十多个部落和小方国,完成了最后灭夏的准备工作。公元前

---

① 《史记·殷本纪》。

16世纪商汤联合同盟部落，举兵讨伐夏桀，汤发表了著名的"汤誓"，揭露了夏桀的残暴，汤带领军队所向披靡，经过几次大战，最后在鸣条与夏桀的军队展开决战，取得了决定性的胜利，汤灭夏正式建立了商朝政权，建都于亳。

商朝建立伊始，"改正朔，易服色，尚白，朝会以昼"①，汤认真吸取夏桀灭亡的教训，实行"宽民政策"，注意发展农业生产，用贤任能，使奴隶制经济和社会生活得到了稳定快速的发展。随着私有制的深化，商自中丁到阳甲，内部发生了长期争夺王权的斗争，社会政治动荡不安，经济发展发生倒退，国民怨声载道，国势日趋衰微，政治统治中心又被迫迁移达五次之多，更加重了商王朝的社会危机。力挽狂澜的是商朝历史上重要的人物盘庚。盘庚是一位很有才能有远见的政治家，他继位后将商都迁于殷（今河南安阳），"行汤之政，然后百姓安宁，殷道复兴，诸侯来朝"②，使商摆脱了中道衰落的危险，并为以后商的兴盛奠定了基础。盘庚十分重视人才的选拔，积极采取措施发展经济，缓和奴隶主和奴隶之间的矛盾，安定人民生产生活，同时挟国力之强盛，对周边小国用兵，扩大了商的影响力，商的疆域不断扩大，商朝到第二十三个国王武丁时期达到了全盛，史称"武丁中兴"，其疆域已经东至大海，西达陕西西部，东北到辽宁，南至长江流域，是当时世界上一个奴隶制大国。

自商王祖甲之后，商历代各王腐朽无能，耽于娱乐而荒于朝政，

---

① 《史记·殷本纪》。
② 《史记·殷本纪》。

"不知稼穑之艰难，不闻小人之劳，惟耽乐之从"①，不仅如此，奴隶主为了维护自己的享乐生活和独尊的权利，对奴隶的压迫剥削日甚，尤其是商纣王，"知足以距谏，言足以饰非，矜人臣以为能，高天下以为声，以为皆出己下，好酒淫乐，嬖与妇人"②，运用自己手中的特权，"厚赋税以实鹿台之钱，而盈巨桥之粟"，更"以酒为池，悬肉为林，使男女裸，相逐其间，为长夜饮"③，只知享受又以杀人为乐根本不关注下层人民的疾苦，在商纣王的残暴统治下，平民与贵族、奴隶与奴隶主之间的矛盾都达到了极其尖锐的程度，社会动荡不安，反抗之声、反抗势力"如蜩如螗，如沸如羹"④，最终导致周武王的举兵讨伐，由于平时不做战备，不修仁政，商朝的军队在代表新兴势力的周王大军的打击下很快土崩瓦解不堪一击，牧野之战早已对纣王和奴隶主痛恨入骨的广大下层奴隶阵前倒戈，助周攻商，纣王兵败，匆匆奔上鹿台摘星楼，穿上华丽的玉衣点火自焚而亡，我国第一个奴隶制国家商朝在统治了六百多年后灭亡了。

2. 周原部落——西周、东周的兴衰

周族是生活在我国西部黄河最大的支流渭水中游黄土高原上的一个

---

① 《尚书·无逸》。
② 《史记·殷本纪》。
③ 《史记·殷本纪》。
④ 《诗经·大雅·荡》。

古老部落，它有着悠久的历史，相传其始祖名弃，与古代历史上的陶唐、虞、夏处在同一时期，弃之母为有邰氏，名叫姜嫄，中国古代传说其"见巨人迹，践之而身动如孕者，居期而生子"，怀胎十月后生下了一个男孩，但后来又"以为不祥，弃之隘巷"，可是"飞鸟以其翼覆荐之，姜嫄以为神，遂收养长大"①，所以以"弃"名之。这个传说与商祖先的传说有相似之处，说明周族从弃开始才由母系氏族社会转化到父系氏族社会。

弃慢慢长大，显示出了聪明才智，其好耕农，样样农活精通，尧命他为管农业的农师，后人称之为后稷，由于有这样一位善于、精于耕种的部落首领的领导，周族农业生产很快发展起来，但由于还处在原始社会时期，和商族一样，周族的生产生活受环境的影响也很大，因此周也有过几次重要的举族迁移，首先后稷的三世孙公刘率领周族迁至泾水中游的豳（今陕西旬邑），在那里社会经济得到了进一步的发展，氏族部落的财富与力量大大增强，"周道之兴自此始"②。

自公刘以后数百年，周族又在氏族首领古公亶父的率领下由豳迁移到岐山下的周原（今陕西岐山、扶风）一带生活，原因一是戎狄的不断侵略与骚扰，也是由于生产的发展使得人口增加实力增强，周族必须找到一个更大的生存空间，周原地区背靠岐山，面临渭水，地域开阔，土地更加肥沃，在这里古公亶父领导周人开疆拓土，辛勤劳作，发展农业，改革民俗，设官分职"作五官有司"建立起国家制度，营建了规

---

① 《史记·周本纪》。
② 《史记·周本纪》。

模庞大的宫室，建立了政治、经济、军事体系，使周人的势力逐渐崛起，周的称号日渐显隆。

古公亶父后，周的部落势力一直是商西部重要的一支力量，商给予其很高的地位和封赏，到季历的儿子姬昌继位，周族已经使商不可小觑，姬昌即周文王，他礼贤下士广罗人才，重用吕尚，整顿政治，制定法律，采取的严禁奴隶逃亡的政策，得到了奴隶主贵族的拥护，"怀保小民"的政策也缓和了奴隶与奴隶主之间的矛盾。周的国力强盛，先后征服了西北的诸小国，巩固了周族的大后方，开始进行灭商的准备。为了继续向东发展，再次迁都丰（今陕西沣河西岸），占据了富庶的关中平原，在这个过程中商感到了威胁，商纣王在一场宴会之后将姬昌囚禁于羑里（今河南汤阴），后又因收到周族的美女财产而将其放回，这一事件使周文王坚定了灭商的决心。到周文王晚年，周的力量已经可以和商相抗衡了。文王死后，其子周武王姬发"以太公望为师，周公旦为辅，召公毕公之徒左右王，师修文王绪业"①，继续进行灭商的准备，为了试探自己的权利威信，周武王曾大会诸侯于孟津，发表了"孟津之誓"，孟津之会后第二年，周武王选择商统治集团内部分崩离析和商军主力远征东南夷的时机，再一次大会诸侯，率领军队直取商王的离宫所在地朝歌，大军所到之地势如破竹，商军一败涂地，最后迫使商纣王自焚。周武王灭商后，建都镐京（今陕西西安西南沣水边），历史上称西周。

西周建立后，由于实行了著名的井田制和诸侯分封制，使奴隶社会

---

① 《史记·周本纪》。

经济得到了快速的发展。周的土地是属于周王的，周王把土地和奴隶分赐给各级贵族，让他们世代享用不得转让买卖，周在耕作工具、耕作技术方面取得了巨大的成果，农业产量提高很多，"曾孙之稼，如茨如梁，曾孙之庾，如坻如京，乃求千斯仓，乃求万斯箱"①描述了奴隶主贵族的粮仓里粮食堆积如山的情景。周武王起西周建国二百五十余年，传十一代十二王，到周厉王在位时，不再有"天下安宁，刑错四十余年不用"②的景况，西周统治出现了严重的危机，昏庸的周厉王推行"专利"政策，造成了土地私有与土地国有的尖锐矛盾，触及了社会各阶层的实际利益，终于爆发了"国人暴动"，周厉王被赶出国都。国人暴动一方面推翻了周厉王的残暴统治，更重要的是打击了西周王朝的经济基础，周厉王死后，其由召公以换子方式才保住性命的太子静继位，是为周宣王，虽然周宣王奋发有为，创造了"宣王中兴"的奇迹，但周的社会基础已经动摇，无可挽回。周的最后一个王周幽王，不理朝政，宠信奸佞，为了博得宠姬褒姒一笑竟然做出"烽火戏诸侯"的丑剧，直至犬戎东侵时，周师大败，西周灭亡。

　　东周是相对于西周而言的，历史上把周武王建立的建都沣镐的周政权称为西周，把周幽王被杀后周平王迁都洛邑建立的周政权称为东周。

　　东周的历史，史学界习惯上分为春秋和战国两个时期。周幽王死后，申侯拥立太子宜臼为周王，这就是周平王，由于犬戎持续强大，镐京也被破坏得满目疮痍，公元前 770 年周政权迁都洛邑（今河南洛

---

① 《诗经·小雅·甫田》。
② 《史记·周本纪》。

阳），建立了东周。东周从公元前770年起至公元前256年（周赧王五十九年）共经二十五个王，历五百一十四年，这一时期周室衰微，诸侯以强并弱，齐、楚、秦、晋开始强大，"政由方伯"①，周王逐渐丧失了领导地位，其实际统治的领土只有首都洛邑周围一二百里的区域，西周初期分封的大小诸侯几乎都成了独立王国，不再听从周王命令和定期向周王朝朝贡，楚庄王甚至在用兵征伐陆浑的戎人时将军队驻扎在周的首都洛邑附近，炫耀武力，问周鼎的轻重大小，向周王朝示威，大有取而代之之意，"礼乐征伐自天子出"的制度被践踏，周王室由于还保存着一个"天下共主"的名义，反而成了一些强大的诸侯国手中被利用的一个招牌，诸侯常常"挟天子以令诸侯"，直到最后形成东周后期各大国争霸的局面。

---

① 《史记·周本纪》。

二、关于商周青铜器

1. 商周时期铜的开采与青铜冶炼

铜是一种坚韧、柔软、富有延展性的紫红色而有光泽的金属。一般认为，人类知道的第一种金属是黄金，其次就是铜。铜在自然界的储量很丰富，最初人类使用的铜是存在于自然界的单质的铜，由于加工方便简单，铜也是人类加以利用的第一种金属。

随着人类文明和科学技术的不断发展，世界闻名的埃及文明、两河流域苏美尔文明相继出现了以铜为材料制作的生产工具和装饰艺术品，在伊拉克的扎威彻米发现了公元前1万—9000年用自然铜制作的装饰品，在伊朗西部的阿里喀什发现的铜制品，据测定其时代可至公元前9000—7000年，而埃及是在公元前4000年进入了铜石并用时代的。欧洲也经过了铜、青铜与石器并用时期，并逐渐将铜与青铜用于生产劳动工具的制作，尤其是在后期大量使用青铜进行雕刻浇铸，特别引人注目，在公元前6世纪埃及更加成熟的青铜技术传入后，古希腊、罗马出现了相当高超的铜雕塑艺术，出现了波罗奔尼撒半岛的阿尔戈斯等制作铜像的中心地，也造就了波利克莱妥斯这样的青铜雕塑艺术家。

在广阔富饶的东亚大陆，以黄河流域为中心的夏商周中原文明也早已开始了本土青铜艺术的实践与发展活动，从历史和考古资料看中国青铜时代的发展有着相当完整的前后脉络，中国青铜时代从一开始就具有独特的风格，这一点是和欧亚其他文明有所不同的。

中国人很早就知道开采并运用铜来进行简单的加工了，我国在19世纪50年代发掘西安半坡仰韶文化遗址时，考古工作者就曾发现有质地不纯的黄铜片，而在西安临潼姜寨遗址中也发现了同一时期的成分不纯的黄铜片，在山东胶县三里河龙山文化遗址中，还曾出土了两件经过科学分析为铜锌合金的合金铜堆，这些资料印证了早在六七千年前我国已经开始开发利用铜为材料了。

随着历史的发展，到了距今四五千年前的原始社会末期，我们中华民族的祖先已经能够比较熟练地掌握铜的开采、矿石的冶炼和小件铜器的制作了，到商周时期，由于铜的冶炼制作技术日臻成熟和器物的制作需求，就要求有大量的铜原料的供应，找矿与矿产技术得到了发展。

矿产一般深埋地下，必须具有一定的科学知识才能进行开采识别，我国古籍《山海经》和《管子》记载："出铜之山，四百六十七山，出铁之山，三千六百五十山。"还记载了出金之山139处，出银之山20处，出锡之山5处，说明当时已经有能力发现不少地方有铜矿藏。关于找矿，我国劳动人民根据经验和已掌握的简单知识，总结了很多行之有效的找矿方法，《管子·地数篇》记载："上有丹河者，下有黄金，上有慈石者，下有铜金，上有陵石者，下有铅、锡、赤铜，上有赭者，下有铁，此山之见荣也。"所谓"荣"即指矿苗，地下的矿藏常因矿物种类的不同，使岩石和土壤呈现出各种物理化学变化，呈现出各种物质颜色，"赭"即赤褐色，表示地层中有铁矿，"慈石"是指黄铁矿或黄铜矿与磁铁矿共生的现象。

含铜的矿石大多具有鲜艳而引人注目的颜色，这一点已被现代科学所证实，也是现代找矿的重要依据之一，如金黄色的黄铜矿石、鲜绿色的孔雀石、深蓝色的石青，这些像铜氧化以后的铜锈色都显示矿藏的存在。从各处矿藏开采遗迹来看，我国古代劳动人民基本上以矿石色彩来目力定矿。

我国古代开采铜矿，考古遗迹发现很多，如20世纪50至80年代发现的湖北大冶铜绿山矿冶遗址、内蒙古林西大井古铜矿遗址、新疆尼勒克努拉塞古铜矿遗址、湖南麻阳古矿井遗址、安徽铜陵金牛洞古矿遗址，使我们可以了解当时开矿的情况。由于受到生产力水平的影响，商周时期铜矿的开采一般只能采用开凿浅井的方法，采矿主要是以"穴取"为主。湖北省大冶铜绿山铜矿开采冶炼遗址出土的陶片，经碳14测定年代，可知开采矿井的上限是商代晚期，并一直延续到春秋、战国直至西汉，铜绿山使我们看到了古代采矿的实际情况。当时的矿工通过观察自然铜、孔雀石的颜色、光泽进行目力找矿后，再利用简单的器具来测定矿石品位，决定采掘方向，从矿井中清楚看到，矿工们选择了断层接触带中矿石富集、品位极高的地方开采，在采掘方法上，已经有效采取了竖井、斜井、斜巷、平巷相结合的开采方式，并初步解决了井下通风、排水、提升、照明和井架支护等一系列复杂的技术问题，具有当时先进的技术水平和较大的规模，从遗址面积南北长两公里，东西宽约

1公里推测当时已采出矿石约数十万吨。内蒙古林西大井古铜矿遗址，也是一座大型的铜矿开采遗址，面积约2.5平方公里，在周围的房屋遗址中发现了陶器、木炭、炼渣等采矿遗物，地表可见露天开采的坑道47条，发现了完整的石锤、石斧、石凿等采矿工具一千五百多件，在其中一个矿坑中估计采出了一千多吨矿石。除此之外，在湖南麻阳东周时期古矿遗址，还发现一处矿井巷道和木支柱保存较为完整的采矿遗迹，与铜绿山相似，采掘都是首先从地表开始，然后沿着矿脉开采，形成斜井，采用了天然护顶和工字形矿柱支撑，说明在使用工具、安全设施、排水技术等方面都有发展提高。这些矿井遗址，表明商周时期在一个广大的范围内存在着铜矿开采非常繁荣的时期，为商周青铜器的铸造发展准备了充足的材料。

冶矿遗迹显示，从铜矿石中提炼铜的基本方式是把矿石在空气中焙烧后形成氧化铜，再用炭还原得到比较纯的铜。商周时期基本上采用此种方法提炼纯铜，但生产的发展促使中华民族的祖先找到了更为方便科学的冶炼方法，后来发明的水胆炼铜法，就是我国的首创，这也是水法冶金的起源，为世界冶金史做出了重大的贡献。

大约公元前2000年，我国进入了初期的青铜时代。青铜是指红铜和其他化学元素的合金，铜与锡的合金称锡青铜，铜与铅的合金称铅青铜，其他还有铅锡青铜，镍青铜、磷青铜等，我国古代劳动人民在天然铜的开采、冶炼、制作过程中，经过实践经验总结发现完善了青铜这种具有优质特性的合金金属。我国铜器时代，初期天然铜和青铜的运用同时存在，用青铜、红铜、黄铜为铸材，热铸和冷铸的情况都有发现，山东胶县三里河龙山文化遗址中出土的铜锌合金堆，说明当时已经有了简单的铜合金存在，而在甘肃东乡回族自治区林家的马家窑文化马家窑类型遗址中，甘肃永登蒋家坪马家窑文化马厂类型中都发现了青铜合金材料的小刀，到 3000 年前的夏代，随着铜开采和冶炼技术水平的进步，我国古代劳动人民不仅掌握了红铜的冷铸和锻造技术，而且进一步在实践中随着经验的积累和实际的需求，发现了两种或两种以上的金属，经过高温使之融合在一起可以成为另一种具有新的更优异物理和化学性能的合金，随之在铸造过程中对铜进行了合金改造，制成了青铜合金。青铜是金属中最早的合金，纯铜由于熔融的金属液黏性很大而流动性差，很难铸就大件的高品质的器物，而天然铜中加入了锡、铅或镍、磷等金属后，金属液流动性好，铸造成品器物表面焕发出银色的光泽，而且具有卓越的耐腐蚀作用。

青铜的合金金属配比，是青铜冶炼的关键，我们的祖先很好地解决了这一问题，《周礼·考工记》记载了青铜的著名配比量，即"六齐"，第一次向人们指明了合金性能和合金配方成分之间的关系，是世界上最早的对合金规律的发现，也使我们看到了古代劳动者在实践中展现出的聪明才智。"六齐"指出的六种不同合金比例为：

> 钟鼎之齐六分其金而锡居一
> 斧斤之齐五分其金而锡居一
> 戈戟之齐四分其金而锡居一
> 大刃之齐三分其金而锡居一
> 削杀矢之齐五分其金而锡居二
> 鉴燧之齐金锡半

《考工记》所记载的金，特指的是纯铜。在我国古代，金与黄金是有严格区别的，这金，"六齐"明确地指出了铜与锡的化合比例，对青铜的冶炼提供了借鉴和科学的指导，按照这一配方，就可以熟练的成功的得到锡青铜。我国早期的青铜合金，除了看重器物铸成后的外观精美之外，"六齐"所起到的作用，主要还应该在于要获得不同硬度韧性和其他的机械物理性能，锡青铜一般的含锡量不会超过11%，如果提高含锡量，青铜虽然硬度得到增强，但是更加脆弱易折，锡的用量减少到一定程度，硬度又不够，材质偏软，经不起强力碰撞与长时间的使用，这是经过现代科学所证明了的，我国古代劳动者也发现了这一规律。在原始社会末期到奴隶社会早期，古人知道的金属只有铜锡铅金银等几种，在配置合金时会受到极大的限制，只能在这一狭小的范围内寻找不同的合金比例，青铜的锡与铜的比例当然也不例外，这一合理的配比是经过近千年不断地探索而得到的。需要说明的是，这一比例也会受到操作者经验的显著影响，但仅就将配比解释得如此之详细这一点来说，是可证明这是几千年来无数代劳动者辛勤和劳动的结晶，是对世界冶金史的一大杰出贡献。

对河南偃师二里头出土的属于夏代晚期的青铜器进行科学分析可知，在早期的青铜铸造中，青铜器成分和合金含量是不确定的，合金比例配合知识尚在初期摸索阶段，而对商代早期二里岗文化时期的青铜器进行分析，青铜成分已经逐渐分为锡青铜和铅锡青铜两类，说明这一时期已经初步掌握了一些铜锡铅合金的配合比例，从成型的器物也可以看出，后者浇铸铜液的流动性能好，纹饰也显得精细，可以得到较高质量的青铜器成品。

商代中晚期的青铜器器物分析表明，合金的成分配比已日趋完善，铜与锡、铅的比例维持在80%、12%、3%的区间，所制青铜器器形变大，以司母戊方鼎为代表的一大批青铜器制作精良，司母戊方鼎更达到惊人的巨大体积，它高133厘米、长110厘米、宽78厘米，铜器表面效果优异，历千年而不朽，说明合金成分配比已形成一定的标准并形成了产能规模。

在青铜冶炼中对青铜器材料配比的科学实践和总结，为商周青铜器的大发展提供了理论根据，从技术层面上促成了商周青铜器艺术的勃兴。

2. 商周青铜器的铸造

青铜器的铸造技术，是商周青铜器大发展的前提和必要条件，铸造技术在生产中不断的改良也直接影响着各个时代的青铜器艺术造型，为青铜器更加复杂精细的造型不断出新提供了一个不可或缺的平台。

从我国西安半坡、姜寨等原始人类遗址中出土的铜制饰物，可以看出早期人类充分利用了铜的柔软具延展性的材料特点，已经可以熟练地将铜料加工成各种形状造型，比较常见的方法是将铜片置于具有一定形状或有意打造的作为模具的石块上，用石木槌进行冷锻来塑造纹饰物品。我国在原始社会晚期至夏代开始出现小件青铜器的铸造物件，通常也是以石制阴摸铸造，山西省夏县东下冯村二里头文化遗址中就出土了一件长 21.2 厘米、宽 6.2 厘米—7.4 厘米的石范，这是迄今为止石范铸造的最早证物，另外在内蒙古、云南、江西等地也发现了石范和用石范铸造的青铜器。大规模铸造技术成形的青铜器铸造，则开始于商代，其青铜器铸造的重大进步就是使用泥范烧制的陶范摸进行铸造加工青铜器造型。

用泥制陶范进行青铜铸造解决了模具的材料问题。泥制材料易取、廉价，容易加工，也减轻了劳动强度，由于泥制的柔软，需要的体力大大下降，还使青铜器塑造时劳动者艺术想象力的发挥空间更加广阔，由于泥质材料可以反复修改，重复使用，因此可以做更多的技术尝试。用泥烧制的陶范模铸造青铜器器物，一直是商周青铜器最主要的铸造方式。

关于我国商周时期青铜器铸造的一些技术细节，历史文献并没有专门详细的记载，对这些青铜器铸造的方式方法，我们主要是通过考古发掘来了解的，再结合当代雕塑的模具制作过程，从中也可以大致看到商周时期一千多年的时间段内用陶范模进行青铜铸造的大体脉络和技术发展趋势。

商代青铜器铸造遗址多发现在作为商代政治文化中心的中原腹地，包括以郑州为中心的晋南、豫中的大片地域，20 世纪 50 年代考古工作者分别在洛阳、郑州、安阳等地发现了大量商代青铜器铸造遗址，在洛阳东部的泰山庙、郑州紫荆山、偃师二里头遗址、安阳殷墟遗址，都发掘出了大量的铸铜生产工具，包括坩埚、灰陶大口缸、红陶缸等熔铜工具，还发现了兵器、斝、方鼎、鬲、尊等器物的陶范和泥范，铸铜的遗物包括铜渣、矿石残块、木炭、红烧土和洒满铜液的铸铜场地，其中郑州偃师二里头遗址还发现了许多小铜器。

最著名的商代青铜器铸造场地遗址是在河南安阳殷墟苗圃北地和孝民屯发现的，这里是商代全盛时期政治、经济、文化中心，铸造场地非常之大，面积达1万平方米，除了工作场地、房屋遗址外，最有价值的就是铸造用的陶范，其中发现清理出外范三千多块，内范一千多块，用这些陶范可复原铸造出鼎、斝、壶、卣、盘、簋、矛等常见的青铜器物，从直径100厘米的炼铜炉、直径83厘米的大坩埚、长达120厘米的方形陶范可知，这里具有冶炼铸造大型青铜器的能力。

西周时期的青铜器铸造技术在商代的基础上已有大力发展，这从遗址中也得到证实，20世纪70年代在河南洛阳北窑村等地探明发掘的西周时期的铸造场地遗址面积达28万平方米，大大超过了商代的规模，出土了烧制陶范摸的陶窑3座，发现了许多红烧土块、木炭灰、熔炉残壁、铸口余铜、铜渣等铸造遗留物，这一时期的熔铜炉更大，最大内径达160厘米—170厘米，可以熔炼更多的青铜溶液，便于一次性浇铸，保持青铜器的整体完整性，这里还发现了一万五千多块陶范，陶范是用质地非常细腻的细沙土经烧制而成的，烧成的陶范模质地坚硬，厚度一般都在4厘米左右。从这些遗物看西周时期的陶范青铜铸造有五个显著的特点。第一，陶范外范分为内外两层，亦即现在所说的套模，内层即受热浇铸面造型面，一般厚度为1厘米左右，外层起固定支撑内层模之用，厚度一般为2厘米—4厘米。第二，具有复杂的铸件合范，出土大部分是外范，内范就很少，外范都设计有便于合口的卯榫子母扣，利于加固和稳定器物，避免在浇铸时出现错位。第三，青铜礼器器物造型居多，器形非常多样化。第四，车马器的青铜铸件增多，为我们展现了当时的交通工具状况。第五，雕饰纹饰趋于精细，复杂的几何纹饰大量出现，呈现华丽之风。

东周时期的青铜器铸造技术有了更长足的进步，1960年在山西省侯马牛村发掘的新田遗址就比较典型，此处遗址面积有5000平方米以上，发现了陶范模达三万多块。从这些出土的陶范模可以看出，商周后期的青铜铸造更加规范，技术含量增加，特点有三：第一，出现了大量的工具范。工具范是一种双合范，一面是工具形状的范，另一面是平板，两者之间放上泥芯，两面合龙加以固定，就可以进行浇铸了，大量工具范的出现表明生产可以大批量的进行，节省了劳动力和劳动时间，更便于标准化生产。第二，出现了母模，一模可以翻制多量外范、内范，大大提高了制作程序的规范化，提高了产品的数量和质量，将商周早期的一模一范一器的生产方式提高了一步，且保证每一器物的纹饰同样精美和统一。第三，铸造场所按铸造器物的类型分区展开，在很多遗址中各种陶范模分布很有规律性，工具范、兵器范、礼器范都分门别类存放，彼此毫不混淆，场地之间相距一段距离，这种分区可以在进行大量大规模铸造工作时避免近万块模具的使用混乱，提高了生产效率，这极类似于当代大工业生产的分区模式。

用陶范模铸造青铜器是一种需要极度细心和一定操作程序的复杂技术，我们通过对考古发掘和史料零星记载的整理，通过对模具翻制的合理技术分析，可以复原商周青铜器的整个铸造过程。整个过程分为六个步骤。

第一步，塑造青铜器泥塑造型。由具有雕塑技术的奴隶工匠用特制的雕塑泥塑造出形象完备造型精美的青铜器泥塑原型。

第二步，制作泥范模。在雕塑好的尤其是造型特殊的青铜器泥型上翻制模具，这是一个极其烦琐复杂的工艺技术过程，首先制作外范模，要考虑到模具组装和便于浇铸铜液来分块分模，然后再修整模具，在泥塑型上不便于雕塑的花纹在阴范模上还可以加刻。下来制作内范模，内范模控制铸造青铜器的厚度，节省材料，减轻重量。在这同时制作浇铸时使用的浇口和冒口，然后将泥范模阴干。

第三步，烧制陶模范块。将阴干好的泥范模烧制成陶范模。

第四步，将烧制好的陶范模在行浇铸前进行预热，以防浇铸时冷热不均发生炸裂。

第五步，浇铸青铜溶液。将配比好的青铜液体，通过浇口浇灌到组合好的陶范模中。

第六步，由于合范以及浇铸的诸多原因，青铜器冷却后要修整范块在其上形成的范线（工作线），用砂石块打磨掉毛刺，使青铜器完整美观。（图2-1）

商周青铜器铸造也经历了一个由简到繁、由易到难的发展过程，从出土的商周青铜器和青铜铸造遗址、陶范模遗物来看，到商周后期特别是春秋战国时期青铜铸造技术在当时的生产条件下发展到了顶峰，不但器物造型体积大，而且造型复杂，有的青铜器造型复杂到难以想象的程度，如镂空，转动灵活自如的附件，铸造巧夺天工，使春秋战国时期的青铜器焕发出更绚丽辉煌的色彩。

商周后期青铜器铸造技术的提高不仅是生产技术近千年经验积累的结果，也和商周青铜器不断走入社会生活有关，商周奴隶社会末期，青铜器的使用已逐渐普及，上层统治者所选用的礼器、日用器日趋精美，

二、关于商周青铜器 | 21

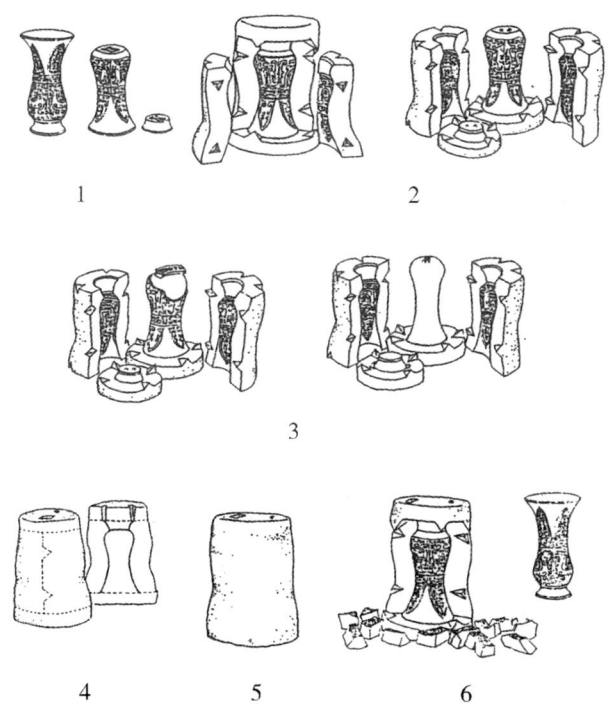

图 2-1　青铜器制作流程图

技术的提高也使青铜器的铸造成本降低,为更多的中下层平民所使用,如劳动生产工具和一部分富裕的平民家庭使用的日用品,整个社会对青铜器作为生活生产产品的需求日益增长,导致商周后期的青铜器大量出现在市场上进行交易,而以往一模一范一器的生产方式,越来越不适应这种社会需求。

青铜器铸造的最大改进是分范铸造、分件铸造、模印铸造和熔模铸造。分模铸造就是陶范模不能一次铸造青铜器物的整体,而是根据铸器的形体和雕饰将陶范模分为若干组,根据具体的器物造型而定比较复杂，若干个陶范按照一定的规律组合在一起再合成整器的陶范模，如鼎的耳部、腹部和足部，都分别翻制不同的范模，浇铸之前再互相咬合在一起，这种分模翻制有时在较复杂的器物上范块多达数百块。分模翻制广泛地运用在商周中后期的青铜器铸造上，山西侯马铸铜遗址出土的陶范块，很多就是分模铸造的部件，我们还可以将其互相组合形成一个完整的器物。商代中期，就已经发展到能用多个型的内外范组成复合范模铸造百斤以上的大型青铜器，如司母戊大方鼎，重达875公斤，从其铸痕观察，鼎身是由8块外范模构成，鼎底由4块外范模组成，每只鼎足由3块外范模组成，范块分块合理明确，保证了整器的完整性。

分件铸造是更为先进的铸造方式。西周时期的青铜器已经使用分件铸造的方法，分件铸造是相对于浑铸法来说的，浑铸法是将整器一次铸成，它是早期制作青铜器的主要方法，制作一些比较简单的青铜器仍用这种方法，随着青铜器造型的不断丰富和复杂精巧，分铸法应运而生。分铸法一般是将器物主体单铸或分铸成几个部分，再将需要活动的比较突出的局部，如提梁、耳、足这些重要的雕饰部分另行铸造，然后再拼嵌铸成一个完整的青铜器，在侯马出土的钟范中发现了许多单独的范模嵌在钟范上，这种装配式的范模大大丰富了青铜器的造型变化。分铸法虽然步骤复杂烦琐，但增加了青铜器的综合外观艺术效果，因此商周中后期的青铜器大量使用，著名的商代四羊方尊，是我国三千年前高超分铸技术的见证，尊身上四只羊头四只龙头都突出于外，形成圆雕形态，从铸痕看它们都是分别铸好再接铸到器身上的，整器浑然一体，精致美观。春秋战国时期，青铜器铸造已经普遍大量采用这种分铸法，湖北随州战国早期曾侯乙墓出土的青铜器，数量多，体形大，制作精美，大部分使用了分范模分铸法铸造,铸制精巧几乎看不出铸造缺陷,在现代技术条件下达到如此效果也不是轻易能办到的。

随着青铜器铸造技术的发展,青铜器造型更加精细繁复,出现了大量的镂空和圆雕器形,这时一般的分铸法已达不到铸造的要求,春秋战国时期又出现了更为先进的熔模铸造法,熔模铸造又称失蜡法,此法是先用调好的油脂蜡塑型然后外敷泥料制模,阴干后加热蜡液流出使模具形成中空,入窑焙烧就可以趁热浇铸青铜了。熔模法在我国何时开始应用,长期以来存有争议,因为最早见于文献的记载是《唐会要》,该书卷八十九引郑虔《会粹》说,唐初铸造"开元通宝",文德皇后在看"蠟样"(即蜡模)时,在蜡模上留下了指甲印,因此铸出的钱上留有掐痕,此后宋代赵布鸰《洞天清禄集》、明代宋应星的《天工开物》对于失蜡法都有详细记载,但这一问题随着河南淅川楚王子午墓青铜禁、湖北随州曾侯乙墓战国时期镂空青铜器的出土而得以解决,楚王子午墓出土的青铜禁四周以龙作雕饰,结构复杂的框边内棱条可以清楚看到蜡条支撑的状态,曾侯乙墓出土的尊和尊盘,口沿上的镂空雕饰,层层叠叠繁复复杂,非熔模法而不能完成,这些雕饰是由表层纹饰和内部多层次的铜梗所组成,雕饰外层为高低相同的蟠虺纹,内层为蟠螭纹,镂空的雕纹之间互不衔接,彼此又独立,全靠内层铜梗支撑,而铜梗又分层连接,达到了玲珑剔透参差瑰丽的艺术效果。河南淅川楚王子午墓所处时代大约在公元前6世纪中叶,曾侯乙墓青铜器物的年代约在公元前5世纪中叶至末期,从这些雕饰铸件的纤细、精致、规整来看熔模铸造技术在商周后期春秋战国时代已经非常成熟。

此外在青铜器陶范模制作上,分工程序化规格化也更加明确,材料运用考究铸器的质量优异,从晚商的青铜器铸造可以看出,大型的青铜器上常常雕塑出三重花纹,即衬底用云雷纹,上面凸雕起兽面类主纹,主纹之上又加雕饰几何纹样,显示这时已经用经过特别处理淘洗的极纯净的澄泥作为铸型表面材料,所以翻制出来的器物陶范模有很高的清晰度和准确度,浇铸成成品后上边的雕纹十分清晰,几乎看不出是用泥范模铸成的。

山西侯马出土的陶范模,还可以看到当时工匠们制作陶模时的一些迹象,如在陶模上画有很细的分割线条,或用两脚规划出的圆,说明当时的青铜器制模已运用了相当精确的辅助工具。

3. 商周青铜器的分类研究

商周青铜器是我国奴隶社会时期的商代和西周时代存在于以华夏民族生活的黄河流域为主体地区也包括我国北方地区、西南和南方地区青铜器物的总称。

青铜器与商周时期的政治经济文化和社会生活存在着紧密的联系,形成完整的一个时代的精神文化风貌,因此商周两代被史学家称为中国的青铜时代。中国的青铜时代从公元前 2000 年左右形成,经夏商周和春秋,大约经历了 15 个世纪之久。自夏商以来中国的疆域已经非常广大,夏代中国的疆域以今河南嵩山和伊、洛两水流域为中心,西起河南西部和山西南部,东至河南、河北、山东交界地区,南接湖南,北入河北,而到商代,第二十三个国王武丁时,商朝经济文化达到全盛,疆域也更广阔,东已至大海,西达陕西西部,东北到辽宁,南至长江流域,西周除继续控制黄河中下游地区外,地域势力更已达南海。由于地域辽阔,西周初期实行的分封制,除达到了加强周王对全国进行控制的目的,也使西南、南方、东北地区的青铜器都深受中原文化的影响,成为具有一定关系的商周青铜器发展的一部分,各地方虽然由于本地风土民俗不同,青铜器艺术风格特点有所差别,但从近当代中国青铜器考古发掘的成果来看,在近两千年间各个地区其青铜器艺术、技术发展几乎是同步的。

青铜器的种类、用途非常复杂,艺术表现也很多样,因此有必要对青铜器进行这方面的梳理研究。"青铜器的分类,主要是为了清楚地区别青铜器的性质和作用,以利于研究各自所形成的器型体系","分类的科学在某种程度上决定于对青铜器器型的正确认识"。① 但要将地域空间如此广大,器型类别如此丰富,绵延时间又如此长久的青铜器加以规整,分门别类进行整理,确是一项浩繁的工作。

青铜器的初步分类从西汉时就已开始,但由于当时对青铜器的重视与认识程度不高,发掘器物记载又少,因此没有形成完整的分类标准,到了近代,由于金石学的发展,青铜器的分类才进入正轨,其分类的科学性、条理性使之成为一门研究商周青铜器的重要学科。

综合史书记载和前人成果,商周青铜器大致有四种分类方法。

第一类,即早期分类的罗列法。"大率以器为类聚,以用途为标准"为古代传统金石学者所常用,如1914年王国维在编纂《国朝金文

---

① 马承源:《中国青铜器》,上海古籍出版社2003年版。

著录表》时，将夏商周铜器分为钟、鼎、鬲、敦、簠、簋、尊、彝、壶、卣、爵、觚、角、盉、斝、杂酒器、盘、匜、杂器、兵器等共22类。

此种分类法基本上将当时出土已见的商周青铜器罗列出来，优点是器物名称一目了然，但随着青铜器发掘新器物的不断出现，其形态造型也越来越丰富而多变，如将其如此罗列，将是一个很大的数目，不利于研究之用。

第二类，是按青铜器的造型形式来分类，1940年日本学者梅原末治出版的《古铜器形态之考古学的研究》，利用此种方法将青铜器分为十三类：（1）皿钵类。有盘、方鉴、簠、盂、敦、豆、镫等。（2）宽口壶形类。有觚形尊、觯形尊、有肩尊、觚、觯等。（3）窄口细颈壶形类。有壶、细长壶、缶、钟、钫等。（4）有盖和提梁类。主要是各种形式的卣、提梁壶。（5）形宽且横的器形。有瓿、盥缶、釜等。（6）矩形容器类。有方彝、扁壶、瓠壶等。（7）有圆足类。有鬲、鼎、方鼎、扁足鼎。（8）有脚且口部有装饰形。有角、爵、斝、盉等。（9）注口器类。有兕觥、匜等。（10）筒形及球形容器。有敦等。（11）复合形器。有甗、博山炉。（12）鸟兽特殊形器。有鸟兽形的卣、尊等。（13）乐器类。有各种钟、钲、鼓等。

李济在《记小屯出土的青铜器》一书中也以此种分类法为主，其礼器一类中分为圆底目：斗形器；平底目：锅形器、罍型器；圈足目：盘形器、尊形器、觚形器、方彝形器、觯形器、卣形器、壶形器、矮体圆肩瓿形器、高体方肩瓿形器；三足目：圆体圆锥状实足鼎形器、爵形器、圆体圆柱状实足鼎形器、圆底扁锥状实足鼎形器等。

此种分类法割裂了器物与实用功能之间的关系，使各器形之间没有必然的联系。商周青铜器的造型是与其实用功能有关的，如鬲是饮粥器，它的历史可上溯至原始社会新石器时代，商周时期仍沿用鬲的原始造型，只是材料变为青铜铸造，鬲形状为大口袋形腹，犹如三个母牛乳房组合而成，其下是三个较短的锥形足，袋形腹的作用是为了方便接受其下的火焰加热，扩大受热面积，使食物受热也均匀。而鼎则最早是烹煮肉食的器物，后衍生为祭礼的礼器，商周时代的青铜鼎基本上已不再作为具有实用性的烹煮器了，这些实用功能对鼎和鬲的造型是有直接影响的，而仅以外形分类则忽视了其实用性所造成的造型差别，淡化了青铜器造型的合理性和必然性。再如觥为盛酒器，其出现在殷商晚期，沿用至西周早期，有圈足和三足、四足鸟兽形三类，而匜是盥手注水器，两者虽造型相似，但实用功能相差远矣，如仅以造型归为一类进行研究涉及功能时容易混淆，故随着中国青铜器的研究，国内学者仅以其为参考大多不采用此种分类法。

第三类，是目前较常用的分类法，即按照青铜器的用途和性质加以归类区别，基本上将青铜器分为七大类：工具、兵器、饪食器、酒器、盥水器、乐器、杂器。陈梦家的《美帝国主义劫掠的我国殷周铜器集录》采用的就是此法。这种分类法以实用功能为基点，阐述详尽，具有科学的涵盖性，目录清晰，但缺点是对青铜器的艺术造型方面有所忽视。青铜器的造型虽然有不属于一类的，但艺术造型形式又有互相借鉴参照的特点，如鬲为饪食器，盉为酒器，两者造型由于都需要在其底部生火加热，因此外部造型有某种相似之处，如仅以用途分割开来，也不便于进一步对这两种器形的深入研究。

第四类，是比较综合的多层次分类法。青铜器是有一定用途的造型艺术形式，在分类中从形制或用途单方面考虑问题，对青铜器的综合研究工作来说还不够全面。采用综合分类法比较全面合理的是容庚的《商周彝器通考》，本着"依照器物的用途，参照形态进行分类"将青铜器分为四大类，即食器、酒器、水器和乐器。其中，食器中又包含鼎、鬲、甗、簋、簠、盨、敦、豆等，酒器中包含爵、角、斝、盉、尊、觥、觯、方彝、卣、觚、鸟兽尊、壶、罍等，水器中包含有盘、匜、鉴、盂、盆、罐及无名器等，乐器中包含有钲、铎、钟和鼓等。其中每一类又有细分，如食器分为烹煮器、盛食器、挹取器和切肉器五目，水器分为盛水器和挹水器两目，在目下又有类和属，通过多层分类区别，将不同用途和不同造型的青铜器排列清晰，兼顾了青铜器的实用性和造型艺术特征。

马承源在《中国青铜器》一书中丰富完善了这种分类方法，按照器物用途和其性质归类，每类又按其形体的时代特征细分为若干式，"大致遵循两个原则：一器物造型较为普遍，区别较为显著而具有一定的时代特征。二少数形态特异的器物"。将青铜器分为兵器、饪食器、酒器、盥水器、乐器、杂器六大类。兵器有戈、戟、矛、铍、钺、刀、剑等，戈又分九类，戟又分三类，矛、铍又分九类。饪食器有鼎、鬲、甗、簋、盨、簠、敦、豆等，鼎又分商代四类，西周三类，鬲又分商代五种形式，西周十四种形式，春秋战国四种形式，甗又分商代八种形式，西周六种形式，春秋战国六种形式，簋又分商代十种形式，西周六种形式，春秋战国十种形式，盨又分九种形式，簠又分六种形式，敦又分十种形式，豆又分四种形式。酒器包括爵、角、觚、觯、饮壶、杯、斝、尊、壶、卣、方彝、觥、罍、盉、禁等，盥水器包括盘、匜、鉴、汲壶、浴缶等，乐器包括铙、钟、镈、钲、铃等，杂器包括生活用具、车马器、货币、度量衡、符及玺印。这种分类法总结了前人的方法合理之处，条理更清晰，能为科学研究青铜器提供详细的资料，是迄今为止较为科学的分类方法。

4. 商周青铜器的主要器物类型

商周青铜器的类型非常丰富，要研究商周青铜器有必要对青铜器的一些重要器形类别有一个总括的认识。商周青铜器虽然根据其用途造型形式颇多，但仍然有比较集中的一些器形类别，对这些青铜器的形式、名称、功用的基本认识是研究青铜器的基础知识。

商周青铜器主要的也是重要的器物类型如下。

（1）鼎。鼎是商周青铜器的一个大家族，种类形式繁多，其基本造型为圆或方锅型腹，三或四足，器腹口沿有双耳，造型一般比较高大，气势雄伟，稳重大气。青铜鼎最初的功用是用来烹煮肉食的器具，原始社会时期鼎已经出现，在陶器时代鼎的形式就已形成基本的雏形，原始社会晚期夏早期才出现青铜铸造的鼎，考古发掘在河南偃师二里头遗址发现了我国最早的青铜鼎。

随着时代的发展，鼎最后的功能脱离了实用，而转化成为一种重要的礼器，即代表着一定的政治含义，在某种意义上商周时代的青铜鼎已不再是用来烹煮食物的实用器，而成为代表国家和权利的象征，"定鼎

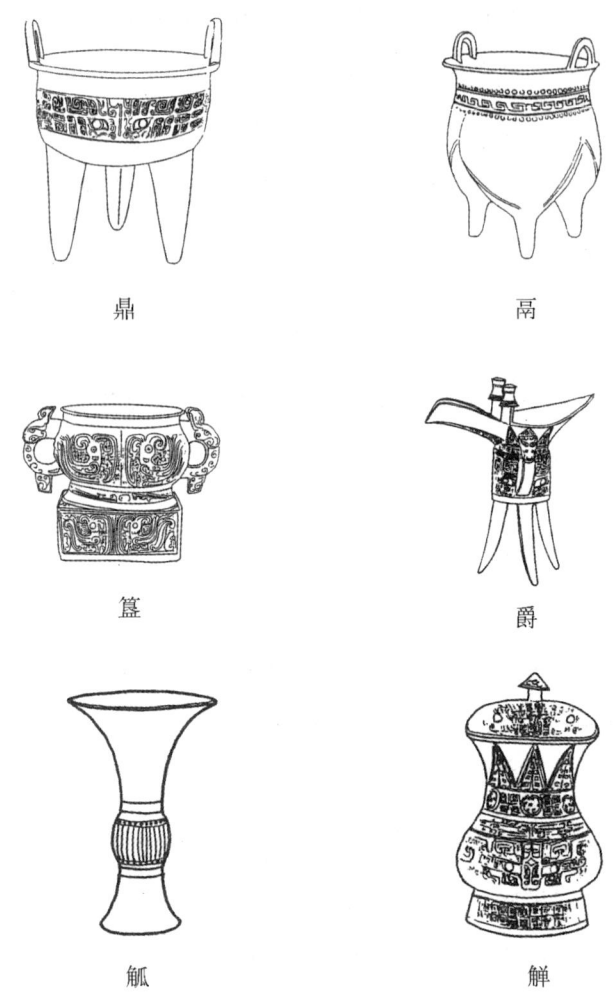

鼎　鬲

簋　爵

觚　觯

图2-2

中原"即包含着这种含义。

(2) 鬲。鬲的历史也很悠久,在西安半坡、姜寨,山东龙山文化,长江流域河姆渡等文化遗址都曾发现鬲或类似鬲的陶器,鬲的基本造型是深碗形器下有类似乳房的三足,形成器身、足袋、足三部分,足袋形似乳房是为了便于实用,是用来煮粥的重要器物。商代以后,鬲逐渐流行,至周代鬲成为青铜器的重要器形,且雕饰精美,布满美丽的纹饰,也成为表示身份地位的著名青铜器。

(3) 簋。簋是用来在宴会上盛放粟、稷、稻、梁等主食的器具,其基本造型是深碗形容器,圈足两耳,后期也有加方簋座,造型庄重大方。除了具有实用功能外簋也是重要的礼器,在西周时期它和鼎一样,在祭祀和宴享时以偶数组合与奇数组合的方式使用,史书记载有"天子用九鼎八簋,诸侯七鼎六簋,大夫五鼎四簋,元士三鼎二簋"的制度。

(4) 爵。《说文·鬯部》曰:"爵,礼器也,爵之形,中有鬯酒,又,持之也,所以饮器象爵者,取其鸣节节足足也。"爵作为礼器出现较早,是重大礼仪场合不可缺少的饮酒用青铜器,爵的基本形式是前有流,即饮酒的流槽,后有尖锐而翘的尾,中为杯器,一侧有鋬,下有三尖状足,流与杯口有耸柱,商和西周早期的爵具有共同的特点。

(5) 觚。觚是饮酒器,觚的基本造型与现代的温酒壶相像,圆足圆口细长腰,体形瘦长,只是后者略小,《说文·角部》曰"觚乡饮酒之爵也"。

(6) 觯。觯是饮酒之杯,《说文·角部》曰"觯,乡饮酒角也"。觯的基本造型是大圆口,大圆足,大鼓腹,上部有器盖,腹上常雕饰有精美的纹饰。

(7) 斝。盛酒器,造型类似爵与角,象鬲而在口沿部有耸柱,象爵而无流。常有单手持柄。

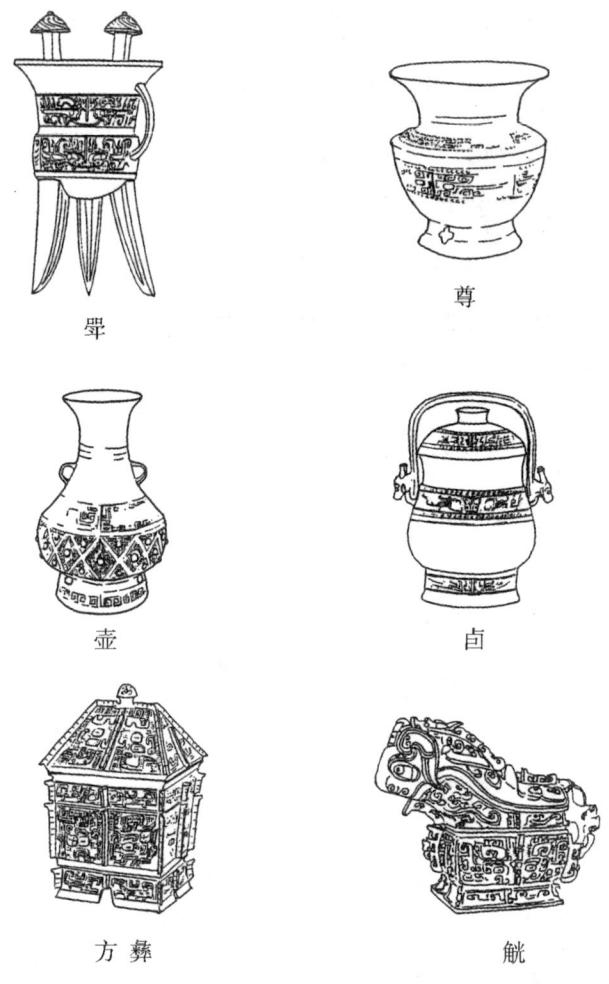

图 2-3

（8）尊。尊是盛酒器中造型比较大的，基本造型像觚，造型雕饰繁复，也是商周青铜器中重要的礼器，尊又有很多的器形变化，比较有特点的就是以动物为基本造型而变化来的动物形尊，有象尊、犀尊、牛尊、羊尊、虎尊、豕尊、驹尊、鸟尊、鸮尊、凫尊、雁尊等，是最具雕塑造型的青铜器类型，是艺术造型美和实用功能完美结合的典范。

（9）壶。壶也是盛酒器，体积较大，金文中壶写作🏺，表示有盖，腹部庞大的容器，西周时期壶为酒器里的大类，当代考古发掘发现的也比较多，壶的装饰雕刻在商周青铜器中最为优美，变化也很丰富。

（10）卣。卣是盛酒器，是青铜器中带有提梁的重要器物，卣的定名始自宋代沿用至今，其造型丰富多彩，有素面无雕饰的，有布满雕饰花纹的，有鸟兽动物形的，由于带有可活动的提梁，卣一般都采用分铸法铸造，因此使卣看起来更加轻巧具有灵动感。

（11）方彝。方彝也是盛酒器，彝是古代对青铜礼器的总称，《尔雅·释器》曰"彝、卣、罍，器也"，郭璞注："皆盛酒尊，彝其总名。"彝也是沿用宋代的说法，彝的基本造型像一个带屋山形顶盖的方盒，下为每边中央都留有方形缺口的圈足，器身每面交界处大都有四条或八条棱脊，造型独特。

（12）觥。觥也是盛酒器，由于史籍记载的缺失，也是约定俗成的定名，觥出现于殷商晚期，沿用至西周早期。觥在商周青铜器中造型极为奇特，有盖有流，以不知名怪兽形象为器形，显得神秘诡异。

（13）盉。盉主要用来盛水或其他液体，它与酒器相组合盛水来调和酒，和盘相组合，则起到盥洗的作用，商代早期就已经出现青铜盉，在西周时期较为流行，盉造形像现代的茶壶，但有三圆柱形足，有的还装有提梁。

（14）匜。匜是注水盥手之器，《左传》有"奉匜沃盥"之说，匜最早出现于西周中后期，在西周一世到春秋时期较为常见，匜的造型像

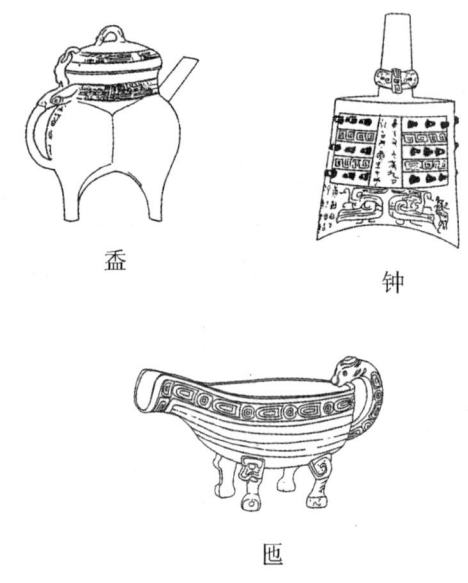

盉　钟

匜

图 2-4

瓢，但常带握柄和三足。

（15）钟。钟在青铜器中属于乐器类，是古代宫庙祭祀和宴享时不可或缺的器物，它是通过打击来发出音响的。钟的出现表明了我国古代乐器制作的高超水平，其造型铸造的最大特点是在造型美的同时，还要有科学的音律规范，具有一定的科技含量。钟是通过悬挂组合来演奏乐曲的，每一个钟一般发一个音，完整的一组钟称为一肆，《周礼·春官·小胥》曰"凡悬钟磬，半为堵，全为肆"，以青铜铸造钟技术是非常复杂的。（图 2-2 至图 2-4）

（16）车马器。车马器种类繁多，基本作用是用来保护木质的车部件，同时也具有很好的装饰功能，包括辖、毂饰、轴饰、辕首饰等。

考古发现，商周青铜器的定名有不是原物所自名的。古代文献的缺失，很多器物的名称，一为约定俗成的叫法，一是古金文学者考古学者通过分析所给的定名，因此有些器物自名与现叫名有所不同，如有一尊铭文自名为盉，现称卣的器物，有自名为旅甾，觯自名为饮壶，鸟尊的铭文，有自名为弄鸟，这仅仅是少数，因此我们仍沿用常用名。

5. 重要的商周青铜器发掘和典范器物

商周青铜器在史籍上出现，最早是在公元前后的西汉时期，汉武帝时长安曾出土一只精美的青铜大鼎，汉武帝以此为祥瑞，特命改年号为元鼎。《汉书·郊祀志》记汉宣帝时在京畿附近的美阳又曾出土一鼎，著名汉臣张敞根据出土的鼎上的铭文，考察出其是商周时期的王室重器。到了宋代，商周青铜器的出土才得到重视，罗泌《路史·国名记》卷四记载："元封七年（公元1084年），水毁，民夷之，有铜器冶之。"吕大临《考古图》著录有出土于邺郡亶甲墓旁的四件商代青铜器，亶甲及亶甲墓，指的是安阳殷墟。殷作为商代盘庚迁都后的新都，正是处在商代的鼎盛时期，不仅出土有大量的青铜器，而且制作颇精，殷墟也成为商代青铜器的主要出土地。

殷墟青铜器早在西周时期即有被盗掘现象，现在发掘的很多殷墟大墓多存有西周时期的盗洞，1899年，自河南安阳小屯村发现甲骨文后，殷墟的盗掘青铜器之风日盛。

对殷墟进行科学系统的考古发掘始于1928年，由当时的台湾"中央研究院历史语言研究所"历史语言研究所考古组主持，考古发掘前后延续了十年的时间，进行了十五次发掘工作，期中仅得青铜礼器就有170件之多，且器类齐全。从1950年起，中国科学院组建考古队，对殷墟进行了更为科学系统的发掘工作，到20世纪80年代初，出土的青铜器达六百多件。

殷墟青铜器的第一次大量集中发现是妇好墓，1976年考古工作者在小屯村西北一房屋基址下发现了这座未被盗扰的中型商墓，其为深坑墓，随葬品极为丰富，共出土了青铜器468件，可分礼器、乐器、工具、生活用品、兵器、车马器、艺术品及杂品，其中仅礼器就有210件之多，是殷墟发掘青铜器种类最多最全的墓葬，妇好墓青铜器不仅品种多而且铸造水平高超，显示了商代中期青铜器的铸造技术已经趋向成熟，其造型多样制作精美，装饰雕塑富丽华贵，堪称商周青铜器中的精品。

妇好墓出土的青铜器著名的有妇好偶方彝、妇好圈足觥、妇好鸮尊、妇好大方斝等。妇好偶方彝，通高60厘米，长80厘米左右，重71公斤，是一件商周青铜器中难得的重器，器盖为屋顶式造型，屋檐下有七个方形槽，器物通体表面布满高浮雕、浅浮雕、平雕纹饰，器盖两面中部各雕饰一个凸起的鸮面，神态诡异，两侧又各雕饰一鸟，勾喙长尾，相对而立，形象又颇为可爱生动，器身中部突出部位是一个巨大的兽面浮雕，两侧又有一龙，圈足上也雕满纹饰，以云雷纹衬底，此器雄浑华丽，气度非凡。

妇好圈足觥高22厘米，长28厘米左右，是一件以兽类造型为主体的酒器，器盖的前端为虎头，张口露齿两耳耸立，后端雕饰鸮首，圆目勾喙，器后有牛头形的錾，器的前半部分虎身，虎前腿缩回贴于身体，后腿呈蹲式，长尾向后卷起，造型很生动，动感也很强烈，器后半部的鸮身，鸮仰头振翅挺胸，此觥雕塑与器物造型完美结合，铸造精良，尤其是将不同动物形象有机和谐组合于一器，活泼自然，构思奇巧，令人叹为观止。

妇好鸮尊是以鸟为主造型的青铜酒器，通高50厘米左右，重17公斤左右，这件鸮尊鸮的造型生动，头部微昂，圆眼宽喙，小耳高冠，胸部饱满外突，双翅并拢，两足与宽尾下垂构成支撑，面部和胸部中央雕饰有棱脊，通体布满各种装饰纹样，有龙纹、鸮纹、夔纹、蛇纹、蝉纹等，华丽神秘又富丽堂皇。

妇好大方斝，高67厘米，重19公斤左右，长方形口，方柱形耸柱，顶面和四角都有细棱，深腹平底，足为四棱锥尖形，两内侧有锥形浅槽，鋬以兽头雕饰，其上浮雕线刻纹样也很丰富，既有龙纹、夔纹，也有蕉叶纹、对夔蕉叶纹等，内底中部刻有铭文"妇好"。

殷墟出土青铜器较多的发掘还有小屯村18号墓、戚家庄269号墓、郭家庄160号墓和殷墟西区1713号墓。18号墓在1977年发掘，出土青铜器43件；戚家庄269号墓1984年发掘，出土青铜器58件，其中礼器20件；郭家庄160号墓1990年发掘，出土青铜器291件，其中礼器41件；殷墟西区1713号墓1984年发掘，出土青铜器91件，其中礼器11件。

在这些出土的商代青铜器中著名的有鸮卣及亚址卣。

鸮卣，大司空村539号墓出土，高19厘米，整体造型为两相背立的鸮，其两头相联组称器盖，尖喙大眼，大角小耳，器腹为鸮身，前胸挺立呈展翅状，器腹身下为蹄型足，整体造型饱满，纹饰华丽，构思新奇独特，在商周青铜器造型中比较少见。

亚址卣，郭家庄西出土，高36厘米左右，器身为椭圆形，器盖部突起，高高的颈部下腹微鼓，高圈足，肩两侧有耳，有提梁，提梁雕饰奇巧，雕饰夔龙纹，提梁两侧还各雕饰着一兽头，通体装饰鸟纹，鸟高冠长喙，长尾卷曲，形象生动，器形华丽端庄，纹饰和雕塑都是典型的商鼎盛时期青铜器艺术风格。

殷墟出土的商代青铜器除了考古发掘确认为此地的以外，还有很多流散在外传为殷墟出土的，而且很多都是精品，其中最为有名的就是司母戊大方鼎，其高133厘米，长116厘米，宽79厘米，重达875公斤，是迄今发现最大最重的商周青铜礼器。据传其1939年出土于河南安阳武官村，由于当时正处抗日战争时期，司母戊大方鼎出土之后，美日等帝国主义国家所谓考古学者闻风而来，采用威胁欺诈的方法企图将之携出国外，幸当地群众知其为国宝加以掩埋保护，才使这件青铜瑰宝不致流失海外。此鼎四角有棱脊装饰，四壁周边有纹饰，上下两边雕饰为兽面纹，左右两侧上下也各雕有一兽面纹，中央为纵向的龙纹，四足上端也各有一个兽面纹，双耳的外侧则为双虎噬人首纹，器内壁有铭文"司母戊"。这件青铜器造型气势雄伟，稳重大气，具有一种摄人心魄的力量。

殷墟大方盉（现藏日本根津美术馆），这是一组三件的大方盉，高度为71厘米至73厘米，器上分别标有左、中、右的字体铭文，这三件大方盉首先在器形上比较特殊，所有的方盉都是圆柱足，像这三件方盉方形四足是绝无仅有的，雕塑也很精美，圆雕浮雕相结合，是一件优秀的青铜器雕塑艺术品。这三件一组的方盉雕饰大气凝重，整体气势庄

严。(图 2-5)

图 2-5 左方盉 商

还有一件著名的商代青铜器人面龙纹盉（现藏美国弗利尔美术馆），也堪称精品，这件盉的器盖雕饰成双角人面形，头后接龙纹身体成为器身的主体装饰，龙的两只前爪合抱于盉流的两侧，其造像诡异，这样的造型在已发现的商周青铜器中仅见此一件，显得弥足珍贵。

商周青铜器的发现在全国范围内还有很多，如 1973 年辽宁喀左县出土的青铜器（《考古》1974 年 6 期），1957 年山东长清兴复河青铜器发掘（《文物》1964 年 4 期），1958 年山东滕县井亭煤矿青铜器发掘

(《文物》1959年12期),1968年河南温县小南张青铜器发掘(《文物》1975年2期),都曾出土大批商周青铜器。比较著名的发掘有:1965年河北藁城台西村出土一批青铜器达88件之多。1957年山西石楼后兰沟发现24件青铜器(《文物》1962年4、5合刊);1971年山西忻县出土青铜器30件(《文物》1972年4期);1965年陕西绥德出土青铜器23件,有鼎、簋、觚、斝、斗、戈、马头刀等(《文物》1975年2期);1972年陕西西安老牛坡出土青铜器13件(《考古与文物》1981年2期)。

陕西关中地区是周王朝的发祥地和国都所在地,也是我国青铜器出土的重点地区,这里最早发现青铜器可以上溯到西汉时期,《汉书·郊祀志》载,宣帝神爵四年"美阳县得鼎献之",此鼎即为尸臣鼎。这一地区出土的重要商周青铜器有天亡簋、大小盂鼎、大小克鼎、效尊、效卣、毛公鼎,都是商周青铜器中的重器。新中国成立后,1966年岐山县贺家村先后出土52件青铜器,1972年在岐山县刘家村出土17件,包括鼎、簋、鬲、尊、卣、壶、爵、觯。1975年在庄白村又出土16件重要的西周青铜器。除此之外,自清代道光至公元1988年岐周地区发现的西周窖藏约七十余起,出土八百多件青铜器,著名的大盂鼎、小盂鼎出土于道光初年(公元1821年),道光末年又出土了天亡簋和毛公鼎。光绪年间,扶风任家村发现一个窖藏,出土青铜器一百二十余件,其中包括刻有二百余字长篇铭文的大克鼎。

1940年任家村再次发现窖藏,共有百余件(《扶风县文物志》陕西人民出版社1993),出土著名青铜器梁其壶、梁其簋等。1933年上康村、1958年至1984年在齐家村先后又发现了五个青铜器窖藏,出土重要器物日己尊、日己觥和日己方彝等六件重器，造型优美，是西周中期的艺术珍品。1960年在这一地区还发现了重要的器物几父壶、柞钟和中义钟。

20世纪70年代最重要的发现是1976年在扶风县庄白村发掘的微氏家族青铜器窖藏，共出土103件，有铭文的74件，其中重要的有墙盘、商尊、商卣，刖人守门方鼎最具艺术价值。1984年在沣河西岸张家坡村发掘了井叔家族墓十多座，出土了重要的极具艺术价值的邓仲义尊。

2003年，陕西眉县马家镇杨家村五位农民在田间取土时又发现了一个西周青铜器窖藏，共出土青铜器27件，其中包括鼎、鬲、盘、盉等，且均有长篇铭文，著名的器物有单五父壶、逨盘、逨盉，被誉为21世纪初的一次最重大考古发现。

西周青铜器又一重要出土地是河南洛阳附近，主要是墓葬出土，1928年洛阳马坡出土约100件青铜器，1971年分别在白马寺附近发掘了两座未被盗掘的西周早期墓葬，青铜器出土22件，包括鼎、觚、觯、戈、簋、尊、卣、罍品类众多。

两周著名青铜器具有史料和艺术价值的试举几件加以介绍。

成王方鼎（现藏美国纳尔逊美术馆），高29厘米左右，器身呈长方形槽，直壁方口，立耳柱足，鼎体四角及四壁中部雕饰山字形棱，两耳各饰一对圆雕伏龙，竖角卷尾，足根雕饰高浮雕兽面，口沿下雕饰长冠卷尾凤鸟，腹饰乳钉框，内壁铸有铭文。（图2-6）

刖人守门方鼎（现藏周原博物馆），青铜器高18厘米左右，这是一件造型别致用途特殊的鼎形，分两层，上层为普通鼎形，下层两侧设窗，饰云雷纹，背面铸成镂空兽目交联纹，正面开门，守门者是一受过

刖刑的奴隶圆雕，鼎的四角雕饰有四条立体龙形，披麟卷尾强劲有力，鼎足为怪兽浮雕。（图2-7）

图2-6　成王方鼎　西周　　　　图2-7　刖人守门方鼎　西周

大盂鼎（现藏中国历史博物馆），器高120厘米左右，敛口鼓腹，两耳，口缘下雕饰分解式曲折角兽面纹，足上部雕饰外卷角兽面纹，云雷纹衬底，内壁有铭文291字，记载周康王二十三年（约公元前1003年）在宗周对盂的一次册命，是研究宗周历史的重要资料，同时出的小盂鼎已散失。（图2-8）

大克鼎（现藏上海博物馆），陕西扶风出土，鼎高93.1厘米，方唇宽沿，立耳，器腹略鼓，鼎足粗壮，造型稳重中透出优美，立耳外侧雕饰交缠龙纹，口沿下饰变形兽面纹，腹部雕饰有西周时期特有的宽大的波曲纹，三足上又浮雕有兽面，腹内壁有铭文290字，此鼎造型既大气凝重，气势雄浑，具有典型的西周青铜器风格，又具有重要的史料价

值，堪称商周青铜器中的精品。(图2-9)

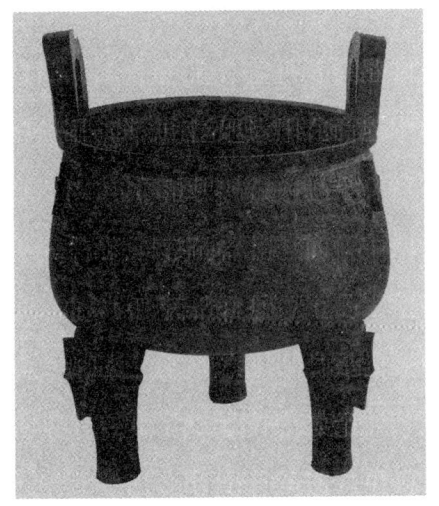

图2-8 大盂鼎 西周　　　　　图2-9 大克鼎 西周

利簋（现藏中国历史博物馆），陕西临潼出土，器高28厘米，这是已知西周最早的一件青铜器，侈口鼓腹，下连方禁，腹部雕塑有外卷角兽面，獠牙巨目，诡异可怖，方禁上也雕饰外卷角兽面，两边配以龙纹，器上的铭文32字，是武王伐商牧野之战的实物证据。（图2-10）

日己觥（现藏陕西历史博物馆），陕西扶风出土，器高32厘米，是商周典型的觥形器，曲口方体，四角有棱脊，盖前端塑造为龙头形，圆而突的双目双角，两角之间又附塑小兽头，盖后部浮雕虎面，背两侧雕饰长冠垂尾凤鸟，圈足也雕饰凤鸟纹，整体以浮雕造型形式为主，鋬做鸟尾状，宽大厚重，上饰鸟羽纹。（图2-11）

图2-10 利簋 西周　　　　　图2-11 日己觥 西周

梁其壶（现藏陕西历史博物馆），西周晚期青铜器，器高35.6厘米，陕西扶风出土，整体呈圆角方形，颈部两侧有一对兽头衔环耳，口沿做成镂空波曲纹，平盖，盖钮为圆雕的卧牛，腹部以条带做格，中间雕饰兽体卷曲纹，颈部和圈足分别雕饰兽目交联纹和弦纹。此器造型和雕饰具有鲜明的西周青铜器雕塑风格。（图2-12）

颂壶（"台北故宫博物馆"），器高63厘米，造型为椭方形，兽目衔环耳，盖钮和圈足雕饰鳞纹，盖沿为兽目交联纹，颈部浮雕有波曲纹和交龙纹，上铸铭文149字。（图2-13）

何尊（现藏宝鸡青铜器博物馆），陕西宝鸡贾村镇出土，器高39厘米，是商周青铜器尊中佳品，整器呈椭方形，口圆而外侈，四周中线有棱脊，表面雕饰仰叶兽体纹，其下有蛇纹，腹中部有牛头纹，牛角外卷，尖角立体突出，圈足上雕虎头纹，通体极富雕塑感，造型凝重，纹饰瑰丽，内底铸铭文122字，记载成王五年营建成周，在京室对宗小子

的一次诰命,是研究西周史的重要资料。(图 2-14)

图 2-12 梁其壶 西周

图 2-13 颂壶 西周

牛形尊(现藏陕西历史博物馆),陕西扶风贺家村出土,器高 24 厘米,长 38 厘米,整体塑造为牛形,比例造型结构匀称,雕塑感浑圆,各部分特征明确,蹄腿粗壮有力,两目圆睁,作吼状,以牛舌作流,卷尾成鋬,背上开口有盖,盖钮雕塑成虎形,是器形结合的雕塑佳作。(图 2-15)

邓仲义尊(现藏中国社会科学院考古研究所),器高 38.8 厘米,长 41.4 厘米,整体造型为一神兽,曲颈短尾,四蹄足,身有双翼,头上立有一卷尾虎雕塑,胸前及尾部各有一回头卷尾龙雕塑,腹有回顾式虎耳龙纹,胸部雕饰龙虎纹,其后半部雕饰花冠龙纹,底以云龙纹衬托,层次分明,立体感强烈,雕塑华丽繁缛,精巧细致。

图 2-14　何尊　西周

图 2-15　牛形尊　西周

太保鸟形卣，器高 23.4 厘米，整体作昂首站立的鸟形，圆目尖喙，后尾垂地作支撑，形态生动。鸟头后部开有窄长口，有盖，颈两侧有提梁连接，盖内铸铭文"太保铸"三字，雕塑整体稳重，造型浑厚。（图 2-16）

二、关于商周青铜器 | 47

图 2-16　太保鸟形卣　西周

莲鹤方壶(现藏故宫博物院),春秋中期器,河南新郑出土。此器方形,双耳为镂空的顾首伏龙,颈部及腹部雕饰以兽形棱脊,器身雕饰互相缠绕的蟠龙,盖顶作镂空莲花瓣状,中立一鹤,昂首振翅,圈足饰虎形兽,足下承以双兽,造型华丽,呈现出商周后期青铜器雕塑的崭新面貌。

6. 商周青铜器铭文研究

在器物上刻或铸造铭文文字是商周青铜器的一大特色,青铜器铭文又称金文、钟鼎文。

曾在仰韶文化时期的西安半坡遗址发掘出的彩陶器皿上发现有刻画

的符号，这些符号是否我国早期文字的雏形虽然尚不可断定，但至少说明在原始社会时期我们的先民们已经开始在器皿上除了绘画装饰使其美观外也留下了具有特殊意义的记号，这种传统在商周青铜器上得到了发展和延续。青铜器铭文产生于商代早期，在郑州白家庄商代早期墓中曾出土了一件青铜罍，肩部铸有三个类龟字形，是文字还是图案还无定论，但从总体上看保留有原始彩陶标志符号的遗风。商代中期以后，特别是盘庚迁殷，建立了稳定的商人生产生活根据地，铭文随着青铜器的大量铸造不断出现，殷墟出土的很多青铜器上铭文已经很常见了，但这一时期的青铜器铭文字数较少，大多为一二字或四五字，殷墟青铜器中铭文最长的是在后冈发现的戍嗣子鼎铭文，有 30 字，这种情况一直发展到殷商末期，才有青铜器出现最长的 50 字的铭文，但这也是很少的情况。

商代青铜器铭文的内容，字少的主要标明器物主人祖氏、名称、称谓、用途，如"戈""子渔""父乙""母丙""寝小室盉"，字多的则具有了记事的功能，如戍嗣子鼎铭文，如实记录了戍嗣子在某日在某处受到商王赏赐而为其父作鼎以表纪念之事。这些铭文大都铸在青铜器不显眼的阴僻之处，与青铜器的美观与否毫不相干，学者称这一时期为"简铭期"。

西周时期的铭文较商代为之一变，铭文的书体、性质、内容、数量都在商代铭文的基础上得到大的发展与丰富，成为青铜器铭文的全盛期。

周灭商取而代之，为了巩固新生的政权，建立了规范详尽的礼乐制度，作为礼制的特殊体现方式，为了颂扬祖先的功德，赞扬周王的丰功伟绩，也为了子孙后代牢记祖训，看中了青铜器可以传至后代"子子孙孙永保用"，及雕刻在青铜器上的铭文不易毁坏的特点，铸铭之器骤然增多，铭文的内容也规范和丰富多彩。青铜器铭文，记载了王室的方针政策、先祖史记、祭奠训诰，也有宴赐田猎、军事征伐以及日常生活的记录，反映着当时社会的政治、经济、文化等发面的重要史料，宛如一部周王朝的历史百科书。西周中期以后，铭文逐渐成为青铜器的主题，象何尊、大盂鼎、散氏盘、大克鼎、毛公鼎等有着长篇文字的青铜器大量出现，著名的毛公鼎，已达 499 字，文字详尽，文辞也很优美，通达顺畅。

西周时期的青铜器铭文已经有了比较固定的语句体例和用词格式，写法也趋于一致，这些铭文由于相对于器物更加重要，所以几乎都刻于青铜器上较为明显的位置，如器腹内壁、器内底面，便于观看阅读，这是西周铭文的一个特点。周室东迁以后，诸侯并起，王室式微，已经自顾不暇，王室活动、周王训令、树立周王威信和以为周王歌功颂德为重要内容的铭文，逐渐被诸侯不屑一顾，再者作为需要大量人力物力的青铜器铸造工作也因为周王室权利的渐失而数量质量俱减，因此东周春秋战国时期的铭文逐渐淡化，具有大数量文字的铸铭比较少见，内容也逐渐平淡无奇，较为空洞，铭文书体既呈现出多样化，也具有明显的随意性，这种情况一直到战国末期，铭文的制作、功用、书体已毫无商周铭文的风采。

商周青铜器铭文对研究商周历史史实、政治制度、经济制度、人们的生活风俗都有着不可估量的作用。祭祀是商周时期重要的国事活动，这在青铜器铭文上反映的比较多，记录商周时期奴隶主祭祀的，如剌鼎铭"辰在丁卯，王窗，用牲于室，窗邵王"，记载的是穆王对昭王的一次祭祀活动。段簋铭"唯王十又四祀十又一月丁卯，王蒿毕蒸"，记载了西周春秋四时之祭的情况。记录国家战争之事的，如小臣单觯"王后屋克商，在成自，周公易小臣单贝十朋"，记载了周王派小臣单剿灭武庚叛乱得到周王室赏赐的史实，另有如利簋记载的武王灭商的日期，何尊记载的建立周的史实。

商周青铜器铭文对我国文学和书法艺术的贡献也是显而易见的，在文学上铭文从商代的仅有几字发展到西周中后期的鸿篇巨制，无论是祭词、册命、训诰、记事、追孝，或记叙文或散文，都形成了独特的文学艺术风格和程式，堪称是我国早期文学艺术作品的典范。

早期的铭文以记事为主，如陵蠱铭"陵作父曰乙宝蠱"，单行八字，就将作器者私名、族名、器名和被祭对象都点了出来，言简意赅，使人读起来干净利落，毫不拖泥带水，西周中后期的铭文则不但简单地记事，而且运用了一些修辞手法和人物的简短对话，读起来抑扬顿挫，庄重雅致，如颂鼎铭文："惟三年五月既死霸甲戌，王在周康邵宫，旦，王格大室，即位。宰引右颂入门，立中庭。尹氏授王命书，王呼史虢生册命颂。王曰：'命汝官司成周储二十家，监司新寤，储用宫御。锡汝玄衣，黹纯，赤市，朱黄，銮旂，鏊勒，用事。'颂拜稽首，受册命，佩以出，返纳瑾璋。颂敢对扬天子丕显鲁休，用作朕皇考龏叔、皇母龏姒宝尊鼎，用追孝，祈匄康纛，纯佑、通禄、永命，颂其万年眉寿无疆，霝（令）冬（终），子子孙孙永宝用。"

训诰是西周青铜器铭文中常见的形式之一，主要用来记叙周王室对下级贵族的赏赐，这类铭文比较严肃规矩，少用修饰词语，类于公文，如何尊铭："惟王初䢔宅于成周，复禀武王礼福自天，在四月丙戌，王诰宗小子于京室曰：'昔在尔考公氏克逨文王，肆文王受兹大命，惟武王既克大邑商，则庭告于天，曰：余其宅兹中国，自之乂民。'乌乎！尔有唯小子亡识，视于公氏有爵于天，彻命，敬复哉！叀王恭德裕天，顺我不敏。王咸诰。何锡贝卅朋，用作□公宝尊彝。惟王五祀。"

追孝也是西周青铜器铭文常见的文体形式，为了表达对祖先的崇敬和尊重，商周时期祭祀活动是非常隆重和热烈的，这在铭文上也有反映，或在册命、获赏等情况下所铸器的铭文后续一段追孝词和有吉祥含意的祈祷词，或以长篇大论夸耀祖先的美德和丰功伟绩，既然夸耀，文辞也就华丽的很，如墙盘铭，前半部分花了大量的篇幅颂扬周代各先王和当朝周王的美好德行业绩，后半部分再记述列祖列宗的功德，高祖为微国君主，武王灭商后追随周王治国，受到周王的册封，乙祖辅佐成康，受到重用，亚祖在周王身边任重要职务，参与周朝的政务活动，其父善法孝友，继承了其祖的衣钵，铭文非常详尽完整，可称为一部简要的家族史，为了加强语调，渲染文采气氛，用了很多华丽的辞藻，文章结构舒展，语调生动感人。

西周青铜器铭文的形式还有多种，如约剂记录的是有关国家税收、货物产品买卖、诉讼等内容，律令记录的是政府的法令法规，媵辞记录的是婚姻中的陪嫁品的情况等，这些铭文一般都比较规范，形成了一定的格式，文体庄重，用词考究，也很注意以词达意，在文学方面则意义不大。

作为我国现存最古老的文字形式之一，铭文产生于商代，商代中期以后青铜器铸铭渐得到重视，这时的字体显示出我国早期汉字的幼稚形态，还没有形成上下左右对称字体的规范化标准间架结构，书写较松散随意，大小不一，甚至还存有绘画的意味，但正因松散而稚嫩，也显出书法艺术的童真与质朴的美，如妇好墓出土的青铜器上的妇好铭文字体，笔画形式狂放不羁，起伏而有弹性，有一种随意发挥挥洒自如的感觉。商代后期的铭文，其字体间架结构逐渐完整起来，讲求笔画的组合、韵律和书写方式，这一时期的字体由于雕刻的原因，略呈长方，首尾尖而中间粗，笔道遒劲有力，起止锋芒毕露，字里行间疏密有致，结构趋向严谨，如后母戊鼎铭、小臣俞尊铭、戍嗣子鼎铭，已有书法艺术的雏形。

商代晚期的青铜器铭文书体在西周铭文中得到继承和发扬光大，西周时期的长篇铭文增加，记叙内容纷繁复杂，由于这两方面的原因，使得铭文在书写时既需要单个字的完整规范又需要整体的统一美观，书写时就要刻意字体的结构感和韵律感，记叙内容的复杂也增加了文字的需求量，增加了新的字形组合和创新，也间接刺激了文字向书法艺术的发展。

商代青铜器上的铭文虽少，但总体上来说字体显得大气、质朴，如妇好墓青铜器镌刻的铭文，结构虽然松散不施考究，但笔力遒劲，笔画壮实，情势凝重，很具运动感，基本上能代表商代青铜器铭文书法的特点。商代铭文向西周过渡时期，书法已经出现了鲜明的艺术风格，主要有两种形式。一种为以司母戊方鼎和小臣俞尊铭为代表的肥美体，笔势雄健，笔画丰腴，柔美而有弹性，整体气势外露又有扩张力。另一种为戍嗣子鼎为代表的劲直体，运笔干净利落，笔画挺直，结构框架严谨，字形形体比较瘦，整体显得挺拔有力，富有刚性。铭文书法进入西周以后，由于铭文内容字数的增加，不断有长篇大论出现，使文字的使用频率增多，铭文的书写越来越规范化规律化，再者文化的发展可能使一部分人专门从事文字的书写整理工作，有可能对文字的书写与书法结构有了一些研究和总结，因此，西周时期的铭文书法风格比较多样化又具有一定的书写规律。西周前期的铭文书法继承了商代的特点，偏于凝重，追求大气，如大盂鼎的书法仍能看到商代肥美体的影子，笔画壮实雄伟，兼用肥笔，起止不露锋芒，将291字进行排列时，行间间距疏密有致，字的大小因整体而施，整体布局独具匠心非常合理，再如保卣、令簋、天亡簋的书法，继承了商代质朴活泼的风格，字形古朴，行写自由奔放，不露锋或少露锋芒，波磔现象非常鲜明，故书法家将其称为"波磔体"，西周中后期以后，铭文书法已逐渐脱离了商代铭文的风格而自成一体，首先为了书写的便利，逐渐形成了一种字体结构更加合理美观的书法形式，此种风格笔画柔和，粗细变化不大，字正而大小比例舒展，字体间架结构日趋自然，形式感加强，但商周早期书法那种雄奇瑰丽的风格消失，向秀丽端庄方面发展，如登尊、登卣、庚嬴卣铭最为典型，这一时期还出现了被书法家称为"玉箸体"的书法风格，在西周中晚期比较流行，如大克鼎的铭文书法，笔画两端平齐似圆箸，四平八稳，质朴端庄，笔势圆润而敦厚，字间有间隔线，每格一字，整体错落有致，非常讲究每个字之间，每字与整体之间的美观雅致。

西周到春秋时期的青铜器铭文继续进行规范化书写，很多文字结构字形已经成为定式，风格上字迹优美秀丽，结构疏朗和谐，为秦代大篆的书体形式打下了基础，另有一种书体形式如虢季子白盘为代表，书写笔画刚劲有力，收放自如，间架结构匀称和谐，字形工整，形成了个体独有的书法艺术风格，说明经过一千多年的总结和实践，商周青铜器铭文不但有整体统一的规范性，也有个性独特的书写方式，对我国古文字和书法艺术的整理发展已基本形成。（图2-17）

图2-17

并不是所有的商周青铜器铭文都具有书法艺术形式，无论是在西周中期还是晚期，都有一些铭文书写粗陋简率，如彊伯鼎、簋，此簋铭文，间架松散，间有错字，这一方面和西周中后期青铜器的地位已不像早期那样受到广泛的重视，统治集团内部的疏于管理有关，也与此时很多青铜器的铸造流入民间、文字书写转而使用竹简更为方便实用有关。商周青铜器铭文是我国古老文化历史的真实见证，其铭文书法也是我国文字发展的早期阶段对艺术美的追求。汉字独有的横平竖直笔画结构具有造型的基本结构元素，以此为基础的书写方式在青铜器铭文上完成了一个重要的演化过程，为以后的文字和书法的发展都起到了重要的参考借鉴作用。

三、商周青铜器勃兴的时代背景

1."铸九鼎,象九州"

青铜器是我国商周时期奴隶制社会政治、经济、文化发展的产物,它表明了这一时期社会生产力发展的水平和社会生产关系,显示了一种至高无上的权利,这种权利首先是以维护奴隶主的利益对奴隶进行压迫和剥削为目的的,它是反映奴隶制社会上层建筑和政治制度的一种特殊形式。

以青铜这种材料铸造的器物来象征王权与统治,始于禹铸九鼎的传说。禹是经过"禅让"制度产生的最后一个部落联盟首领,其个人掌握的权利已经很大,他在对"三苗"部落发动大规模的征伐战争之后,"四方归之,辟土以王",威风更加煊赫,为了巩固和加强自己的权利,曾经举行了多次的盟会,并且处死了态度傲慢的部落首领防风氏,以图杀一儆百,在著名的涂山之会上,周围的各方小部落联盟"持玉帛者万国"纷纷赴会表示对禹的臣服和接受其领导，成为禹统一全国和对自己王权的一次盛大检验，在这次会议上，禹将各小国进献之金（青铜）"铸九鼎，象九州"，一鼎代表一州，将这代表全国统治的九鼎置于宫殿庙堂之上，表示对各地权利的掌握。自此以后，这些青铜铸造的大鼎，就附会着王权的内涵，代代相传，成为各个王朝的镇国之宝。

自夏代中国奴隶制社会形成以后到商代政权，基本政体仍旧是以商王为首的奴隶主贵族专制体制，商王是全国的最高统治者。商王为了显示自己至高无上的权利和地位，为了震慑那些觊觎王权的贵族竞争者，也为了威压奴隶对其进行残酷的压迫以求得更多的享受，为自己披上了华丽神秘的神的外衣，自称是上帝的嫡系子孙，上帝是其宗主神，他们往往自称"余一人"、"一人"或者"予一人"，为此商王的名字前都冠以"帝"，表示他们是死后还要回到天上的帝王。商周时期的阶级矛盾是十分尖锐的，统治者为了更加巩固其统治地位，还制定了严密的管理官僚机构，在殷商甲骨文卜辞中记载的商的官职就有二十余种，如"尹"是商王的左膀右臂，著名的大臣伊尹，在当时地位就很高，他曾经放逐过汤的继任者太甲于桐宫，尹以下又有具有各种专职的官员，如"多尹"是管修建王宫的，"作册"是制作策命的，"小众人臣"是管理农业的，"百工"、"多工"或"司工"是管理手工业生产的，"宰""臣正"是管理奴隶的，此外还有管理宗教事务、管理军事的职官，但这些官职都掌握在奴隶主的手中，由奴隶主贵族世袭担任。

西周的国家机构比商代更加完备，周王是奴隶主贵族的总代表，是全国的最高统治者，周王以下有太师、太保和太傅，合称三公，辅佐周王总揽全国的事物，其下又分为六卿，分三左和三右。其中，三左负责神事宗教事务，具体为"大史"管册命、"大祝"管祭祀、"大卜"管卜筮；三右管理人事，具体为"大宰"管财务、"大宗"管贵族事务、"大士"管司法。另外还设有五司，即司徒、司马、司空、司寇、司士，分别掌管农业、军事、百工、刑狱、爵禄，这些庞大的官僚机构，其执掌者都是贵族世袭，后世称之为世卿世禄。

商周两代还建立有强大的军事机构和军队。商代的军队，商王是无可争议的最高统帅，有左、中、右三师，他们训练有素，直接听命于商王。周王的军队主要有三支，分"宗周六师"或"西六师"，驻守在镐京，直接担当保卫周王和京师的任务，是周王的嫡系部队，另有"殷八师""成周八师"驻守在朝歌和雒邑，既是为了镇压殷商遗民各地奴隶的反抗，也是为了震慑远方各国的夺权野心。

商周奴隶主对奴隶进行的镇压和剥削是极其残酷的，设立了严酷的刑法和森严的监狱。商代的刑法号称有三百多项，形成了完整的刑法体系，商刑非常原始残酷，形式很多，有炮烙、割鼻、剖腹、活埋、砍头、桎梏、流放、刖、醢、脯、烹等，洋洋洒洒三千多条，仅墨刑、劓刑就有一千多条，然而周刑又有"刑不上大夫"之规，很明显这些刑罚都是针对奴隶而制定的，是维护奴隶主统治的手段，体现了商周奴隶主贵族的阶级本性。

奴隶主贵族阶层不仅在刑罚上对奴隶进行残酷镇压，在现实生活中还将奴隶作为牲畜一样是可以任意驱使奴役杀戮的对象，这在商周时期的人殉人祭制度上反映得淋漓尽致。商的人殉是非常普遍的，仅以安阳的殷王陵区为例，在八座殷王大墓中，每个墓坑中都有几十成百不等的人殉奴隶尸骨，其中著名的武官村大墓，殉葬奴隶有79人，另在其旁的墓葬中还埋有207人,另一殷王大墓中,仅墓室中就殉葬奴隶达164人,其场景令人触目惊心。除了人殉外,还有人祭或称人牲,就是把奴隶作为"牺牲"用于祭祀活动,在安阳殷墟发现的一座大型祭祀场所,共发现250座祭祀坑,发现了多达1178人的杀殉奴隶遗骨。商代后期卜辞中常常见到杀奴隶祭祀的记载,在找出的有关人祭的1350片甲骨中,卜辞有1992条,共杀死奴隶13002人,还有1152条卜辞未写明人数,粗略算来全部祭祀活动至少杀死奴隶14197人,一次所杀的奴隶人数最多竟达5000人,不仅如此,奴隶主贵族还在房屋宫殿的建设,征伐出征的仪式上用奴隶的生命来做祭祀,举行一系列的仪式借以除邪逼妖,镇宅安居,考古工作者在殷墟的一些房屋基址中发现了大量的奴隶人祭遗骨,其中一个遗址中奴隶主贵族统治者甚至惨无人道地残杀了4名幼童用作祭品。

面对为了维护奴隶主贵族享受荣华富贵的特殊权利而成百上千的奴隶生命低贱的不如牲畜的社会,要想使奴隶接受这一现实,统治者无疑要挖空心思想方设法寻找一种取得心理的满足并能时刻代表这种权利的象征物欺骗和恐吓奴隶,使后者顺从而听命,这个象征物在商周时期最后集中在了金属铜材铸造的器物上,这其中最重要的就是鼎,造就了中国历史上的以物象征的独特现象。鼎的概念已经抽象化了脱离了实用功能,具有了明确的指代性。首先,古代的铜称作金,是一种贵重的金属材料,需要进行大量艰苦的劳动过程以及雄厚的资金和权利才能取得,而开矿采矿在奴隶社会只有在具有这种财力和权利的奴隶主的主导下才能进行,因此,所谓的金在商周时代是财富和权利的象征。其次,鼎是原始锅的变形体,是煮食食物的器具,远古的人类社会,煮食器是与人类的生存息息相关的，在一定程度上暗示着生存和富足，而锅是这种生活器具中最常见而重要的一种，这种煮食器经过艺术化的形象改造，不管它装饰得多么华丽，它的功能内涵是沿袭下来的，因此取鼎为权利的象征引申代表着富足和对生命的占有。除上两者原因之外，鼎的制作也不是一般人能进行的，尤其是体积大装饰华丽复杂的大鼎，必须具有一定的制作场地、制作材料、制作技术才能完成，显然奴隶被压迫被奴役被当作牲畜和会说话的工具的身份地位是不具备这些条件的，只有奴隶主贵族，确切地说是商周的最高统治者具有这些条件。取青铜材料的铸鼎来象征王权是完全合乎商周时期奴隶制社会特点的。

商周及至其后的中国历朝历代，不仅将鼎作为王权的象征，而且将其与所谓的德行相结合，寓德于鼎，上升到了人文文化精神的层面，"昔夏之方有德也，远方图物，贡金九牧，铸鼎象物，百物而为之备，使民知神奸"，"桀有昏德，鼎迁于商——商纣暴虐，鼎迁于周"，《左传》记载"楚子代陆浑之戎，逐之于洛，观兵于周疆，定王使王孙满劳楚子，楚子问鼎之大小轻重，对曰：'在德不在鼎'"，可见这样一件青铜铸造的器物，在中国古代尤其是在商周时期是非常重要的权力精神体，问鼎之轻重大小，即是图谋不轨，德行失察，同样原因青铜作为贵重金属制作出的饮食器，如簋、斝、爵、壶、卣等，不仅是作为日常生活用品，重要的是逐渐脱离了其原有的实用功能，成为在重大的祭祀、宴享活动中使用的代表一定象征内涵的特殊器物，象征着奴隶主贵族的权利和阶级地位，反过来奴隶主统治集团更加看重青铜器的制作和雕饰，促成了青铜器艺术在商周时期的勃兴。

2. 尚鬼神，崇迷信，建礼教的时代风气

参鬼拜神是早期人类重要的精神活动。商人尚鬼神，宗教迷信活动盛行，商王和贵族每逢出征、田猎、求雨、祭祀等，事无大小都要求告于祖先神灵，卜问吉凶。史载汤"行仁义，敬鬼神"①，有一次逢大旱，连年无雨，商汤曾剪掉自己的头发和指甲作为牺牲贡品，亲自到桑林野外求雨，祷告于天。崇尚鬼神迷信最直接的证据就是人祭，奴隶主贵族为了获得所谓的上帝鬼神和祖先对他们的佑护，以杀死的奴隶作为祭礼时的祭品，以奴隶的宝贵生命显示奴隶主对神灵祖先的尊敬和虔诚之心。奴隶主奉为神圣的庙堂高殿实际上也是杀戮奴隶的屠场和地狱。殷墟发现的很多房屋基址埋有人祭奴隶，奴隶主杀死大量的奴隶在诸如奠基、置础、安门等的仪式上，考古工作者在殷墟乙组建筑群中发现，有7座基址举行过奠基仪式，举行置础仪式的有3座，共杀死4名幼童，2名成人，同时宰杀的祭品有一百多条犬、40牛和107只羊，最能表现商代贵族崇鬼神迷信的是殷墟发掘的基址安门仪式，在已发现的一个安门仪式的现场，共挖坑30个，杀死50人，埋犬4条，这些被杀埋的奴隶，或拿刀或持戈，带有头饰和佩贝，应是作为奴隶主贵族的卫士出现的，埋葬的位置也很讲究，一般是大门外埋4人，其中一人面向门朝北呈跪姿，一手拿盾一手持戈，旁边还埋有一犬，其后三人分左中右，手

---

① 《越绝书》。

中也都有武器，面南而跪，其中一人面向主屋，似乎是防备主人身边的危险，其他两个人应该是为了防备外来的侵害，为了更安全起见，在门内两侧也分别埋有相向而跪的持刀卫士，并带有警犬，如此阴森恐怖的杀人场面仅仅是为了祈求奴隶主的生活安宁，不仅如此，宗教殿堂落成后还要举行落成典礼，又往往要杀掉一些奴隶，连同车马牲畜一起埋在建筑物的周围，因此，奴隶主贵族为主导的鬼神迷信，是建筑在奴隶的鲜血和尸骨之上的。

商人的迷信鬼神还从占卜问吉凶的活动中表现出来。商朝专设有史、卜、祝等宗教官职，以管理祭祀、占卜和文字记录，而占卜是其中尤为重要的活动，是日常必做之事，用甲骨占卜风行，形成独特典型的商代占卜文化。占卜有一整套完整的程序，占卜前殷人将龟甲和牛等兽骨精心打磨刮削整治，在龟甲和兽骨背面刻出小圆坑，一切准备好后，负责占卜的专门官员"贞人"在甲骨的小坑处放进炭火进行烧灼，使之发生爆裂，从而在甲骨正面出现不同的裂纹，与此同时贞人要不停地祷告，述说所占卜之事，以裂纹的所谓"兆象"来判断吉凶，最后将占卜的结果刻于甲骨之上，形成卜辞。用甲骨来占卜深入触及商代社会的方方面面，举凡生老病死、出门远行、田猎出征、天灾人祸都可以来占卜。如有一条卜辞曰："癸一卜，嗀贞，旬亡祸？王占曰：有祟，其有来艰，迄至五日丁酉，允由来艰，自西，邛方亦侵我西鄙田，沚冒告曰，土方征于我东鄙，灾二邑，邛方亦侵我西鄙田。"这是一条占卜一旬之内有无灾祸的卜辞，从其甲骨的卜辞看似乎占卜最后得到了应验，其实是奴隶主统治者用来麻痹人民显示自己特殊身份实行自己意志的隐蔽手法，最典型的武丁寻相的迷信活动，就是一个彻头彻尾的运用迷信鬼神手段达到自己目的的骗局。相传，武丁想要起用傅说做宰相，怕贵族们反对，便假说自己做了一个梦，梦见上帝给自己派了一个贤人，名叫说，并依梦画出了他的图形模样，派百官四处寻找，最后有人在刑徒中找到傅说，武丁便将其以大礼引入宫中，给予其宰相之位，其实武丁原先在平民中时对傅说早有了解，只不过是借用一下商人迷信鬼神的思想罢了。

商人迷信鬼神对青铜器的勃兴起到了推波助澜的作用。奴隶主贵族为了表示对祖先神灵上帝的敬畏和崇敬，在一个宏大的祭祀和占卜场面上，放置供奉牺牲的器物是必不可少的，为了烘托渲染庄重静穆的活动气氛，这些器物的造型、体量、数量一定是最美的最好的最多的，以金属青铜在商一朝的尊贵地位，商人选择了这一特殊金属器物来表示庄重和威严，在普通平民奴隶仍使用陶器的社会，完全能证明奴隶主奉为至上的神明的特殊性，实际上也是影射自身权力和地位的存在。青铜器也是奴隶主具有特殊享受生活的象征，由于奴隶主掌握着全部的私有财产，他们有能力以青铜器的外在形象造型来暗示这种占有的地位，不仅如此，奴隶主还幻想死后仍然能永远享有生前的荣华富贵，将大量的青铜器埋入墓室，使这种权力地位延续到生命的终结，使青铜器特殊的意义得到进一步的加强。

进入西周以后，随着生产力和生产关系的发展，类似商代残酷的杀人祭祀迷信活动相对减少，但青铜器的制作却更加精致和完美，这是因为西周的统治者面对奴隶的觉醒及反抗，搞出"制礼作乐"的一套新的统治方法，这是我国奴隶社会特有的一段文化历史，而"制礼作乐"不但没有削弱青铜器的继续发展，反而使青铜器和礼乐结合起来，赋予了其新的现实意义。西周时期的"制礼作乐"就是以"敬天事祖""慎终追远"① 半神权思想为支柱制定出的一套套生活准则，在西周时期最初礼只施行于贵族阶层，并有明确的规定不得僭越违礼，后来礼扩大到平民阶层，所谓"礼仪三百，威仪三千"②，目的就是要广大平民按照这一准则进行社会活动，奴隶主也按这一准则执政行事，用以缓和日益复杂和尖锐的阶级矛盾，维护社会安宁，礼将当时社会公开活动的方方面面都以条文的形式规定下来，并用这样的规则来维系人与人之间的关系。西周的礼制名目繁多，《仪礼》一书中记载有"士冠礼""士民礼""士相见礼""乡饮酒礼""乡射礼""燕礼""大射""聘礼""公食大夫礼""觐礼""丧服""士丧礼""既夕礼""士虞礼""特牲馈食礼""少牢馈食礼""有司礼"等，不一而足。

"祭礼"是礼制中的重要组成部分，《礼记·祭统》说"凡治人之道，莫急于礼，礼有五经，莫重于祭"，一句话道出礼的实质和祭在礼中的地位及作用，所以西周以来要祭天地，祭山川，祭社稷，祭宗庙祖先，这些名目繁多的祭礼，都是围绕奴隶主贵族的思想意识形态展开的，所谓祭天地、山川、社稷、祖先都是奴隶主用来麻痹平民奴隶以取得自身心理安慰加强统治的手段，如此之多的礼乐制度只是将奴隶主的特权进一步以条例的形式加以固定，说白了仍是以维护奴隶主贵族的权力地位为目的的。在这些礼制的施行中，青铜器是不可或缺的，一是青铜器本身的地位在商代已经确立，已经成为神权宗法权的象征物，而礼

---

① 《论语·学而》。
② 《礼记·中庸》。

制所蕴含的阶级统治的本质也未发生变化，所以礼制与青铜器自然结合在了一起；二是礼乐制度也是奴隶主统治者给予奴隶的一件精神枷锁，也需要一种外在的物化的象征物时刻显示着这样一种精神压迫的存在，所谓"藏礼于器"就点明了礼与器的特殊关系，随着西周政治思想的进一步完善，奴隶主之间、奴隶主与平民奴隶之间的关系被逐步以礼制的方式严格固定下来，青铜器的社会地位更加巩固。

商周的崇尚鬼神迷信及礼制的建立，为青铜器的发展提供了广阔的空间，一方面使青铜器成为迷信祭祀活动的必然参与物和贵族富足生活的标志，另一方面将礼器为代表的青铜器纳入了礼制的轨道，促进了商周青铜器的大发展。

3. 手工业经济的发展与发达

手工业经济的发展是商周青铜器勃兴不可或缺的重要一环。

农业是商代的主要生产部门，商代统治者为了剥削更多的农产品、占有更多的生产资料，非常重视农业的生产，井田制开始施行后，大片肥沃的土地得到了规划开垦，土地的利用率增加了。井田是商朝的基本土地制度，井田制下全国的土地全部属于商王所有，并设置"小众人臣""小稷臣"等农业官员来管理和经营井田，商王还亲自观察井田生产的情况，称为"观黍"。商代中期活动区域在黄河中下游的中原地区，这里是黄土冲积平原，土壤肥沃，适宜农业耕种。商的农业生产水平非常高，在农业生产中主要使用木、石、骨、蚌等材料制成的工具，工具的改进如铲、镰等实用性加强使之更加便于使用，青铜制作的农具在生产中也大量出现，有青铜耑、青铜铲、青铜钁、青铜镰等。青铜农具轻巧锋利使用方便，提高了农业生产的效率。奴隶主还驱使奴隶们进行集体劳动，甲骨文记载"王令众人曰劦田，其受年"，即共同协力耕田之意，集体协作劳动使土地墒力得到充分利用，便于开垦大片的农田，除此之外，商朝在农业上还掌握了灌溉、中耕除草、施肥技术，这些都促使商朝的农业取得了较大的发展，增加了社会物质财富。

西周继承和发展了商以来的井田制，进一步强调周王对土地的无可争辩的所有权，《诗经·小雅·北田》曰"溥天之下，莫非王土，率土之滨，莫非王臣"。西周时期的农业比商代有了更进一步的发展，周族繁衍生息的陕西关中平原西部，地理位置优越，雨水丰沛，适于种植农作物，加之周族向来是以农业立国，又有一位以耕农闻名的祖先，很早就掌握了先进的农业耕作技术，周灭商后全国耕地的面积增加了，渭河两岸沃野千里。为了强化周王对土地的所有权，井田制有了比较准确的亩制，更加便于耕作和计算产量，生产工具也改进得更加轻巧适于使用，针对不同的耕地及种植品种，功能齐全具体，周人在耕作上主要用"耦耕"，即两人合作耕作，既可深耕，又可提高效率扩大耕作面积，除此之外，还采用了轮耕法、休耕法，这在当时是先进的耕作方法。耕地面积的提高，耕作技术的改进，使得自然降水已经不能满足生产的需要，因此，周人还注重水利的基本建设，修建了灌溉网络系统，另外在对农时的掌握、耕作的管理、除虫施肥等方面都有详细的操作方法。西周时期较之于商代农产品种类增多，除了稻、麦、谷、粟、菽、黍等，还种植桑麻和瓜果经济作物，农业经济异常丰富，社会财富急剧增加，奴隶主贵族的粮仓堆积如山，社会生活呈现出一派繁荣景象，西周奴隶制经济发展到了顶峰。

农业的快速发展，不仅使得商周的社会财富增加到了前所未有的程度，而且使得奴隶主与平民物质生活的需求直接刺激了商业手工业得到长足的发展。农业为手工业的发展准备了充分的物质条件。商人善于经商，"肇牵车牛远服贾"①，当时已有载着货物的车辆在各地之间进行长途贩卖，各地的货物通过交易源源不断运入人口聚居的城市供奴隶主享用，由于货物买卖的频繁，以"贝"为主的货币也出现了。西周时期更是设置了许多官吏来管理商业活动，如主管货物交易的"质人"、主管货价的"贾师"、负责税务的"廛人"，货物产品集散买卖的集市也出现了，在京城诸侯国都形成了固定的集市。商业的发达带动了商周手工业的发展，为了满足主要是奴隶主贵族阶层的生活享乐需求，商代手工业生产规模逐渐扩大，技术水平也越来越高，其门类繁多，如冶铜、制陶、造车、建筑、纺织、酿造、骨玉器的制造，专业分工很详细，生产的产品已经相当精美规范，如制陶业除了继续烧制比较普通原始的灰陶、红陶和黑陶外，又可以烧制技术难度要求较高的釉陶和白陶，出土的这一时期的釉陶上可以看到陶器上涂有一层釉色，以青绿色为主，也有少数的褐色和黄绿色，用高岭土烧制的白陶，炉火温度可以达到1000度以上，质地坚硬，洁白细腻，形成了我国瓷器的雏形，骨玉器制造业很发达，在安阳北辛庄发现的骨器作坊遗址，出土的骨器半成品达五千余件之多，种类有骨针、骨匕、骨鼎、骨制器皿，玉器的制作也

---

① 《尚书·酒诰》。

很精美，琢玉雕刻技术特别发达，安阳殷墟妇好墓出土的一些玉鸟、玉龟、玉龙造型生动传神，雕刻精致。这些专门为奴隶主制作的装饰奢侈品，显示了手工业在这一时期的高水平。西周时期官府设立工正、陶正、车正等官职，直接对手工业进行管理，手工业分工号称"百工"。西周制陶业的进步主要表现在釉陶的烧制技术，这时烧制的温度已经达1200度左右，器物胎质细腻，结构紧密，吸水性很弱，釉色较纯正，烧制的青色、黄绿色在我国陶瓷史上有"原始青瓷"之称。西周时期还出现了制瓦作坊，瓦的发明在我国建筑史上占有重要的地位，手工制瓦彻底改变了我国建筑的木草结构，在陕西岐山地区发现的周代宗庙遗址，建筑物已经更加高大宽阔坚实，更适合于居住活动。西周的玉器漆器和造车业也很发达，有专门的玉石作坊出现，专门雕琢璧、瑗、璜、圭、璋、琮等装饰品和戈、斧、刀等在重大仪式上所用的仿兵器仪仗器。造车的技术突飞猛进，制造一辆车所需的木工、金工、皮革工、漆工、彩绘工、刮磨工、雕工等分工极细，一应俱全，造车这项综合性很强的手工业工种全面反映了西周手工业的发展状况。

  青铜铸造业是商周时期最重要的手工业，它始终被奴隶主贵族所垄断，与制陶、骨玉器制造号称三大手工业，青铜器制造所需要的技术、设备、材料由于农业商业经济的繁荣都已具备，技术上一大批专门从事手工雕刻制作的工匠由于雕玉雕骨这些硬质材料所积累的经验，在软质泥塑雕塑时得心应手，从事手工业的奴隶数量的庞大，也为青铜器制作准备有充足的熟练工人，铸造设备上继承前代，采矿、熔铜技术手段更先进，生产效率质量也更高，殷墟出土的司母戊大方鼎除了制作上的精雕细刻外，在铸造时估计要用七十多个坩埚同时熔化矿石，仅一次性铸造鼎身，如果每个坩埚配备 3 人，就需要 250 人同时操作，再加上其他工序，就需要三百多个手工奴隶密切配合才能顺利完成，其铸造无论是在金属冶炼、金属铸造技术、程序管理、技术设备、分工合作、雕塑艺术等方面，都体现着这一时期手工业发展的高超水平。

  商周两代从事手工业的奴隶工匠，他们具有很高的聪明才智，在生产实践中总结了大量的实际工作经验，青铜器的勃兴与发展一方面是奴隶主贵族政治经济生活的需求，是社会繁荣的表现，另一方面也是奴隶们智慧的结晶，是其手工技术水平的真实体现，没有商周时期奴隶的辛勤劳作及手工业的发展就没有青铜器艺术所取得的辉煌成就。

四、商周青铜器与雕塑艺术

1. 空间与实体——独立立体的雕塑艺术形态

雕塑是人类文化历史上最为古老延续时间最长取得成就最大的艺术种类之一，是人类最惯于表达自己内心情感和对客观世界的理解关注的艺术载体，如立体的人、立体的树、立体的山等，每个人从一出生睁眼看到的就是一个由具有空间体积、立体形态组成的丰富的物质世界，人类文明从最初的繁衍生命到生存质量的不断提高，面对这样一个无比繁杂多彩的生存环境，我们的祖先一早就具有了亲手模仿制作宇宙世界立体形态的冲动，无论是在世界的东方还是在西方，雕塑艺术不约而同地在不同的人种族群产生了最初的萌芽。在古代西方的欧洲大陆，古代的两河流域和古埃及等地区，从公元前5000—前3000年起原始雕塑很早就已发展起来，这一时期的雕塑描述着人类本性的纯真，基于对母性繁殖的好奇，更多地把目光停留在女性的独特性别形体上，欧洲最具代表性的是维也纳附近出土的女性雕像，乳房、臀部、腹部等体积造型的夸张与塑造，体现出原始时期人们对母性和生殖的崇拜。随着人类文明的不断发展，人要成为世界的主宰力量这种自觉的意识萌发，使迷信宗教介入到人类历史生活中，人从哪里来到哪里去，必须得到澄清又暂时得不到一个圆满的答案，人们把素未谋面的天神与灵魂塑造成立体可视的雕塑形象加以顶礼膜拜，雕塑以其直观立体的造型出现在最能体现原始宗教迷信观念的庙堂与陵墓，反映着不同时期人类的感情世界和文化艺术的审美倾向。亚洲和非洲的雕塑艺术呈现出同样的意识形态。苏美尔人的原始雕塑虽然雕刻简陋，但对人精神世界的刻画是十分逼真的，如这一地区出土的一件雕塑作品双手捧于胸前，虔诚的姿势和瞪得很大流露出纯真、朴实、专注的眼睛诉说着对神的敬畏。而古埃及胡夫金字塔前代表着那个时代雕塑艺术水平的狮身人面像，把死去的国王描绘成半狮半人的神兽，仍然是将现实世界与神的世界的融合所致，巨大的体积和精良的雕刻让人过目不忘。这些早期的雕塑艺术将精神内涵依附于雕塑的造型上，既是对人类自身形象的迷恋，也是对雕塑这种独特艺术形态对人类视觉感官具有巨大刺激作用的发现与利用。

在广阔的东亚大陆，中国古代雕塑艺术有着同样的发展轨迹。新石器时代的陶器上已经出现了立体形态的动物和人的雕塑形象，浙江余姚河姆渡、湖北邓家湾、黑龙江宁安等地出土的陶猪、陶羊、陶狗、小熊、猴、鸟等小动物，体态生动，形象活泼可爱，甘肃礼县、河南密县、陕西洛南出土的陶塑人头，五官具备，形象清晰，表现出原始人类通过雕塑对人本身血肉之躯的注目，而辽宁牛河梁出土的红山文化时期的泥塑女神像五官更加逼真，具有神秘的宗教文化气息，雕塑艺术与宗教迷信的结合是显而易见。

　　自夏商以后，中国的雕塑艺术形成了自身独特的艺术风格，商周青铜器雕塑的神秘与特别的雕塑手法令人惊叹，秦汉雕塑以大气磅礴著称于世，秦俑写实的手法严谨的雕塑刻画完美而又淋漓尽致地表现出雕塑独特的艺术魅力，在雕塑家眼里它的魅力不仅在8000人的整体气势上，还在于对每一个个体立体造型形态和对人内心神情的塑造，汉代雕塑继承了秦代雕塑重气势的艺术风格，同时又汇合了汉代朝气蓬勃的国家气象，创造出了"马踏匈奴"这样有代表性的雕塑艺术作品，使鲁迅先生留下了"唯汉人雕刻，深沉雄大"的赞誉。魏晋以后，中国的雕塑在继承传统的基础上又广纳吸收了印度西域雕塑的表现手法，将外来的宗教与华夏民族对世界独特的理解融会贯通之后，使其后的唐宋雕塑具有鲜明的本民族特色，注重神，注重气势使雕塑"气韵生动"，"神之所畅"。虽然魏晋以后中国雕塑艺术逐渐成为宗教和王权的奴隶，但其独立立体的雕塑艺术形态始终是完整与完美的，在对雕塑形体体积的塑造、雕塑技法的探索上都为我们留下了宝贵的艺术财富。

　　雕塑是什么？什么样的艺术形态才是雕塑？从古今中外大量的雕塑遗存和对雕塑艺术的实践看，雕塑是最具有实体感的造型艺术形式，它的艺术形象具有立体性，是空间中的三维立体形式。所谓的"雕塑"的称谓，是因为它的基本制作过程有两种即"雕"与"塑"，雕是指在硬质材料上造型时用特殊的工具削或磨掉不需要的部分材料，留下具有一定造型的材料部分，一般只能减不能增，如石雕、木雕等，塑则是指用软质的材料来进行艺术造型加工，通过堆、捏等加工手法做加或减的工作，主要使用泥、陶泥等材料，雕与塑在一件作品的创作过程中是相辅相成的。雕塑可以使不同的材质在雕塑家的手中经过加减变幻出多种多样的雕塑技法，创造出优美动人的雕塑艺术作品。

古今中外大量雕塑作品，虽然丰富多彩形式多样风格也有不同，但独立立体的雕塑形态是相同的，除了具有三维立体的空间形式之外，还有很多一致的特点：第一，雕塑具有存在于空间中的形象的实体感。每一件雕塑在三维空间中所塑造呈现的形象不但是立体的也是非常具体的、物质的，是可以感知的，使观赏者的视力感官可以从不同的角度、不同的距离去感受从而接纳独立存在的形象，感知丰富多彩的形状和外貌，它不仅能使人的视觉感受到，更重要的是可以用手触摸到，通过全方位的触摸感受到实实在在的立体的物质的造型。第二，雕塑塑造的形象具有单纯性。绘画艺术中能够表现的复杂的人物关系和陪衬背景，具体细致的表情和感情活动，四季变化的色彩，在雕塑中就难以表达或不易表达，雕塑表现的主要形象是人，其次是动物，表现内容的狭小使得雕塑的创作具有单纯性。雕塑长于塑造人物，易于表现人物的各种各样的形体变化，并且通过形体的变化透露出人物心灵中最为本质最为本性的东西，没有任何一种艺术形式能像雕塑那样将以人为主体的客观形体表现得如此实在，如此真切而又富有生命感，它可以入木三分地表现出人的本性，由内而外的表露，"突出地表现出与精神相契合的身体形状中一般的常驻不变的东西"（黑格尔），这种单纯性要求使得雕塑艺术达到了高度的概括与凝练，雕塑家在进行雕塑创作时的感情活动要排除特殊的个别细节和一时的表情与心理活动，深入挖掘丰富而深刻的人性思想本质，可以以少胜多，因此，真正的雕塑作品总是耐人寻味，使人反复琢磨，具有无限的意蕴和永恒的魅力。从另一个角度来讲，雕塑作品立根于当时的时代精神,体会浸润着时代的足音,它们是一个时代人类形象的历史反映,也体现着不同时期人类的感情世界和文化艺术的审美倾向,是时代本质的最为典型的造型艺术形式。第三,雕塑题材是非常概括的。雕塑主要表现人,只适合于通过静态形体来表现内容,在人体雕塑中身体形状的变化与定格就是人物内在精神的体现。黑格尔说,在雕刻里感情因素本身所有的表现都同时是心灵因素的表现,他认为,如果心灵内容不是可以用身体形状完全呈现出来,这样的雕塑就是不完美的。因此,我们可以说雕塑的全部内容,都蕴含在塑造成的形体之中,形态对内容有高度的概括性。有很多雕塑具有象征意义,通过外形与内心和谐统一来象征某种精神、信念、观念以及自然规律,正是这一概括性的体现。

商周青铜器是我国青铜时代的重要标志,在两千年漫长的历史时期代表着我国古代雕塑艺术的最高水平,是我国特殊历史时期特殊的雕塑艺术形式。无论是在庄严肃穆、轻烟缭绕的庙堂之上,还是在阴森恐怖、鲜血淋漓的祭祀场所,青光闪闪数量器形繁多的鼎、卣、觚、罍、尊摆在最为显眼的地方,是不可或缺的实用品,也是重要的装饰品,起着烘托气氛的作用,它占据着空间,具有体积和实体感,着力通过奇特的造型引导着参与其间者的观感,这是雕塑艺术超乎于其他艺术形式的独特之处,具有雕塑艺术的基本特征。每一件青铜器都是一件实实在在的立体实物,施祭者正是利用青铜器的立体实在形象努力加深其对人们感官的刺激,直击人的心灵,唤起观看者心灵深处对所谓神灵的敬畏,如果没有一个立体的物质的形象,仅仅是平面的一幅画面,即使它构图奇特画面狰狞,也难以达到雕塑那样震撼的艺术效果。当人们看到一件青铜器时，不仅是其一个面的结构凸凹、丰富的雕刻装饰和庄重典雅的造型，而是在角度视点的不断变化中随着青铜器立体形态的转动接收到综合形态的无穷变换，这本身就给人以一种奇特的好奇感和对新的即将出现的造型的渴望，这种新的造型形态随着观察角度的变换会产生不同的各种各样的形状和外貌的变化，从而加深视觉印象。

立体的雕塑形态不仅随着角度、视角、距离远近产生形体变化，它还可以通过触摸使人加深对空间实体感的进一步体验，手指的触觉细胞极为敏感可以感知非常细微的起伏和各种材料所产生的特殊质感，通过对空间实体的触摸，会形成一个从外在的形象，包括造型、尺度比例、装饰的花纹，到内在质感，包括肌理、体积的凸凹起伏、空间前后的距离感、材料的温度、材质的细腻与粗糙甚至重量的一个综合的完整的印象，是其他艺术种类所不具有的。商周青铜器由于其具有一定的实用功能，与人的生活密切相关，本身就具有可以触摸这一特征，奴隶主贵族的宴享活动，青铜器摆在触手可及的面前，在不断地推杯换盏之中使用，奴隶们不断地添换着盛在青铜器中的珍馐美味，就是在可怖的祭祀场所和阴森的墓圹中，一件件巨大的精美的青铜器在几人或几十人的搬动中，也能从触摸过程感受到体积和重量。雕塑的可触摸性无疑加深了对立体形态的感知。

我们从商周青铜上可看到雕塑艺术的另一基本特征——造型形象的单纯。青铜器是不需要背景色彩和相互之间的复杂影响关系来突出自己的，而完全依靠自身完整独立的空间形态来显示内涵，它一年四季如此，时时刻刻如此，它的雕塑形象一经铸就就是一成不变的，也唯其不变显出永恒性，观察商周青铜器，它的造型是单纯的，基本上固定在方

四、商周青铜器与雕塑艺术 | 75

圆两种形态,再由这两种基本形体变化出各种方与圆的组合体,它的雕塑内容也是单纯的,青铜器的主要雕塑纹饰仍然是适宜雕塑表现的动物造型,大型的动物集中在牛、鹿、虎、象、犀、羊以及由动物造型转换而来的龙、凤、夔、神兽,小型动物及鸟类集中在鸮、鹰、鹤、鸭、鱼、蛇、蝉、蚕等,相对于丰富的自然世界来说表现范围是很狭小的。这些单纯的形体和形式内容表现,提取的都是人与动物,是人将自身的感情色彩附加于动物身上,无论是牛、羊、虎、龙,还是鸟、鱼、蝉、虫,都只以自身的单纯而典型的形体变化来表现一种含义,其内涵都是人的对物质、精神和艺术世界最本质的心灵体验。(图4-1)

图4-1 伯簋 西周

商周青铜器具有一般雕塑独立立体艺术形态之外,还具有自身独特的雕塑艺术造型特点。商周青铜器雕塑艺术通常依附于实用器皿的造型,每一件青铜器似乎都有一个专设的实用目的,但随着其附着含义的深化,与一般意义上的实用器皿又有着巨大的差别,我们所看到的日常所用的生活器皿,尽管人们为了增加实用器皿的美观对其加以美化装饰，其实用是第一目的，从半坡的彩陶到明清的青花，对器皿的装饰从来就没有超过实用的功能性，而商周青铜器恰恰相反，它主要是用来表达一种意念的，是用来体现一种时代精神与观念的，具有独立抽象的象征性功能。青铜器中礼器占有很大的数量，几乎包括了我们所熟知的大部分的青铜器器形，如鼎、鬲、簋、爵、斝、盉、觚、方彝、卣、觥等，这些器皿不唯其具有一定的实用功能，更重要的是它们的造型、纹饰，甚至排列方式都代表着一定的含义，是权力、阶级等级的象征，因此，才有"铸九鼎，象九州"，才有周礼的列鼎制度，尤其是商周青铜器发展鼎盛时期，青铜器已经脱离了其实用功能而强化了由外在形体所展现的宗教政治内涵。这一现象在青铜兵器、乐器上也表现得很明显。如兵器里的钺，是一柄大斧形器，著名的妇好钺，其雕刻精细有装饰味道，是被用来在盛大的仪仗中显示权威的，是阶级地位的象征物；乐器和兵器一样原本都是具有很强实用功能的，青铜乐器的宫、商、角、徵、羽五音的音律必须准确，才能保证所奏音乐的纯正，但到商周后期以编钟为代表的青铜乐器也被演化为一种身份权利的象征。曾侯乙墓出土的一套编钟体积之大，铸造之精美，组合之完整堪称举世未见，以曾侯乙的王侯身份和在墓中出土这一事实，可知这套编钟在某种意义上是以一定的礼仪下葬的，更看重的是它的象征意义。

　　商周青铜器不但功能上区别于一般的实用器皿，造型上也更复杂、更烦琐，人们生活中使用的器物，在设计与制造时必须注意符合人体工程学的规律，既要实用又要合手拿取方便，用起来轻巧，一般造型上比较简约，即使有装饰也以不妨碍取用为原则，这一点从我国新石器时代的陶器制作上可以看出，陶器上装饰的花纹是用色彩勾画上去的，是随器物造型附加在器皿上的，而商周青铜器在造型上则复杂得多，装饰以立体的雕塑为主，这就造成器物造型由于表面有很多的凹凸起伏取用极为不便，有的青铜器造型复杂到无以复加的地步，陕西宝鸡出土的何尊，有中心对称的高高凸起的四棱脊，有碍于用手抓握。如斝作为饮酒器，口沿上厚大的雕塑造型也不利于饮酒之用，商周青铜器中还有很多动物形器，其实用功能已经被完全掩盖在雕塑艺术造型之下，呈现出雕塑艺术的独立立体形态，可见商周青铜器的造型根本重点不在实用而在突出其外在造型，外在的雕塑艺术造型更重要。

"艺术是时代精神的反映"，商周青铜器反映的是商周时代人类对生存环境的客观认识，我们的祖先把对神秘自然界的敬畏、恐惧通过雕塑凝练成独立立体形式的青铜器，是一个伟大的创举。一方面，由于奴隶社会时期阶级矛盾异常尖锐，掌握着生杀大权的奴隶主阶层需要以堂皇的宗庙仪式来体现自己的特殊身份，以残酷的祭祀杀戮来展现自己的权威，恐吓下层奴隶，青铜器以其造型的独立立体性和可视直观性能够满足这一要求。另一方面，奴隶社会人类对自然界的可知性还处在蒙昧状态，往往把目光集中在对不可知神灵的顶礼膜拜，青铜器雕塑对人的表现是极其稀少的，更多的是表现生活在人类周围的与人有密切关系的动物身上，青铜器上的牛、虎、龙、凤作为有别于人的自然界的生灵，完全是作为人与神的媒介体，反映着那个时代的人类精神状态。

商周青铜器有着近两千年的发展轨迹，在这漫长的时间里我们的祖先一直醉心于这种依附于器皿的雕塑造型艺术形式，是一个奇特的现象，那些被我们界定的所谓真正意义上的雕塑艺术在商周时期反而没有得到大力发展，这种特殊雕塑造型形式的延续，说明那个时期找到并认可了表达时代精神和人们情绪发泄的外在物化形式，这些经过重重烦琐复杂的制造雕塑过程铸造的巨大的鼎和雕饰精美的青铜器，丰富的造型和多变的纹饰完全可以和优美的人体雕塑相媲美。

2. 一件青铜器雕塑的诞生——商周青铜器制作与雕塑

雕塑有别于绘画等艺术种类的一个重要特征是其有一整套完整的复杂的制作程序，包括材料运用、工程设计、艺术表现、工具配套等多方面的综合工艺，一件精美的雕塑作品必须经过雕塑（主要以雕塑泥等软质材料完成）、翻制模具、转换材质（金属浇注或雕刻成硬质材料）等几道需要特别技术的复杂工序才能完成，所以，了解一个完整的青铜器艺术品制作过程颇能体现雕塑的特征。

为说明商周青铜器的雕塑艺术特征，我们不妨在这里根据雕塑从艺术创作到翻制模具再到青铜浇铸这几道制作工序，概要描绘一幅商周青铜器雕塑的制作全景画。

时间退回到公元前 3000 年的一个日在中天的晌午，一群奴隶在一面土崖边忙碌，他们手拿骨铲在挖掘土崖上一层明显区别于其他土色的红色土层，随着一铲一铲地挖掘，这些红色的黏土块被装入身边的小车中，这些红土是久远的地质时代中经过洪水的冲刷沉积深埋于地层中的，具有极强的黏性和可塑性，奴隶们早已发现这是最好的雕塑用泥。当身边的小车装满奴隶们顾不得擦去额头上的汗水，直接将这些土块运往青铜器制作场地。

在一个临近小河的青铜器制作场地旁，挖着几个大池，奴隶们已将池中注满了河水。通往采土场的小路上刚才取土的奴隶推着车子出现了，他将小车推到大池边，扬起双臂把一车红土块倾入水池中，溅起一阵水花。一天过后，当奴隶们再次来到水池边时，池中的土块早已变成泥浆沉积在池底，几个奴隶用大陶缸将泥浆舀上来，在两个陶盆之间不停地翻倒，每次都将沉于盆底的杂质碎石倒掉，这是一个细致的活，经过反复多次后，剩下的泥浆已经很细腻了，绝无杂质，奴隶们叫来一个目光敏锐的中年人做最后的材料审定，那中年人用手在泥浆中搓了搓，又捏了捏，对泥质的黏度和细度进行了察看，点头表示了满意。

很快这些被沉淀多遍的泥浆被运到了邻近泥池的一座茅草盖起的大屋中，在这里也有几个奴隶，他们的工作是将这些泥浆稍加晾放后，团成一方方的泥块，整齐地码放起来备用，不停地取些河水喷淋上去进行保湿，这些经过精心采集挑选的泥块，就是青铜器制作的头道材料——雕塑泥。

在一个僻静而光线明亮的茅草小屋中，那个目光炯炯的中年人正坐在一个木制转盘前，审视着转盘上堆放的一团红胶泥，旁边放置着勾画着一幅精致的青铜器设计图的泥板，还有一些大小不等形状不同的骨制、青铜制的雕塑工具，他一边看着设计图板，一边开始雕塑青铜器的大型，只见他先按比例塑出了器形的主体和圈足，这个过程中他不断地转动木转盘，从各个角度观察器物每一条边线每一面器面，不时地用特制的测量工具校正着每个边的长度宽度角度，他聚精会神总在不满意中不停地修改刮削。经过反复的修改，终于一尊规整典雅的青铜器造型呈现在眼前，这是一个有着高高的长颈饱满器腹的饮酒器觚，从每一个角度看去，大型比例都是那么完美，在光线下显出体积的美感。

　　当我们再次来到这座小茅屋时，那中年人已经开始下一步的塑造工作了，他开始在保持着湿润的泥塑器体上划出对称的线条和一些点，将小泥条黏附上去，精心地塑造出双目圆睁的大兽面，他一会儿粘上去一会儿又刮下来，对雕饰反复的修改，经过不停地这么刮去和塑造，最后青铜器的雕塑终于完美了。雕塑更细致的花纹细部工作接着进行，这时他手边的纹样图案设计泥板和那一大堆形状各异的雕塑工具派上了用场，他不停地调换着手中的工具，他屏住呼吸将纹样精心地刻画在兽面纹上，翻转往复驾轻就熟，中年人开始不停地休息，因为越往后塑造越需要沉稳和把握，手稍微地颤抖就会使前边的工作废弃，这又是一个漫长的过程，往往要经过很多天的工作才能将复杂的花纹雕饰塑造完毕。

　　几天过去了，中年人在那小屋静静的工作着，间或有奴隶主来审看一下，外人是不能进入的，一是因为这一工作的特殊意义，二是因为怕人多走动不小心碰撞还很湿软的泥塑。

　　描述到这里我们基本可以明白，一件青铜器雕塑的泥塑制作过程，那位中年人就是奴隶中一位不知名的青铜器雕塑家。泥塑造型的完成并不意味着雕塑的最后完成，要成为一件真正的雕塑作品，还有更复杂、艰巨的工作要在后边完成。

　　完成的青铜器泥塑造型要放在小茅屋中让它充分的干透，以便进入雕塑的下一道工序——模具翻制。

　　几天后，中年人的小茅屋中来了几个奴隶，他们一起小心翼翼地拿走了已经干透坚硬的泥塑。在另一间宽敞明亮的小茅屋中，他们把泥塑放在另外一个木转台上，盯着泥型不停地转看，不停地和中年人交谈，神态非常专注，他们不时争论起来，对着泥塑指指点点，他们在争论范模块的分割法，怎样最合理地在泥塑上分范模块，又要好取范模，又要保持纹饰的完整，最低限度地不破坏泥塑的造型，分块太多不行，那样合范时有可能出现误差，使那些对称精细的花纹出现错位，分块少了也不行，那样范块从泥塑原型上取下来会对泥塑造成损坏，争论最终有了结果，大家凭丰富的经验集思广益，终于敲定了范模块的分取方案，翻制模具工作正式开始。

奴隶们选定了两个经验最丰富的青铜器模具范块翻制高手来进行这项工作。他们先把极细的草木灰吹到泥塑的表面，起到隔离剂的作用，然后将和制好的质地细腻的陶泥一点一点小心均匀的按照先高后低的顺序按压到坚硬干透的泥塑上去，一层又一层的按压，这个工作是不能重做的，将陶泥揭起重新按压上去多多少少会破坏泥塑精细的表面。

范模块的厚度多少为宜，奴隶们是心中有数的，有一定的厚度才能有强度，才能便于烧制。用陶泥按压翻制范模块是一个一气呵成的过程，不能有片刻的停顿，两人要轮番进行，要防止湿的陶泥软化泥塑原型，使脱模出现反复，不利于下一步的操作，要争取在最短的时间里完成整个按模过程。时间在一分一秒过去，汗水顺着额头和肩胛骨流淌下来，他们也顾不得去擦了。很快范模块按压完成了，他们麻利地拿起锋利轻薄的青铜刀，在事先已经商量好的，泥塑突出的高点中心线上对称地用尺子量着划切下去，使一整块泥范模分成几块对称的范模块。待陶泥稍微干一些后接着进行脱模，由于有草木灰作隔离剂，范块被顺利地脱离了泥塑原型，泥塑原型没有受损，范模块也完好无变形。

整个过程中，中年人都在紧张地注视着这一切，不停地进行着提醒，直到脱模完成，他脸上才浮现出些许的微笑。雕塑家将脱下的泥模范块拿回到自己的茅屋工作室，泥范模块干得很快，他要赶在范块干透之前在阴模上加刻更细致的花纹，他先要在有花纹的一面喷上一些水，使表面的泥软化一些，而范块的另一面让它自然阴干，这样范块有了一定的强度，有花纹的一面就可以方便继续刻画了。中年人用更细的刻刀在阴模上开始一丝不苟的刻画，使得青铜器的表面更加丰富更加华丽。他要一边喷水一边刻画，直到整个工作完成，因为要在脑海中想象出所刻花纹的反向造型，这一道工序需要有丰富的造型和翻模经验才能完成。

与此同时，那件干硬的泥塑原型在重新清理之后，又被以同样的方式制作了几个后备模具，终于花纹模糊被丢进了泥池化为泥浆，以备下次再用。

经过几天的精心制作，一件青铜器的雕塑和范模模具顺利完成了。泥范模又经过几天的阴干，干透后被送到制陶场，整齐的码放在烧陶炉中。烧制陶器的技艺在奴隶们的手中被一代代的传承下来，范模的烧制已是轻而易举的事，不久陶范模就被成功地烧制出来。

外陶范模的完成还不能继续进行下一步的铸铜工作，还要制作内陶范模。奴隶工匠将外陶范模组合放置好，再灌入稀泥浆，使之均匀地附着在外陶范模有雕饰的内壁上，形成一个薄层，然后再填塞陶泥，待泥浆干一些之后去掉外范模，刮掉或揭掉这层薄薄的泥浆层，这样一个完整的内范模就完成了，再经过修正烧制，制作浇口、冒口，一套完备的青铜器陶范模才大功告成。

青铜铸造工厂，奴隶们挥汗如雨，这里充满了高温和烟尘，通红的炉火映红了奴隶们沾满尘土的脸，一车车的铜矿石被放进炼铜炉中进行熔炼，又经过提纯，浇铸成一块块铜锭，存放在有专人看管的房间，成为奴隶主的财产。

浇铸青铜的工序开始了，奴隶们从库房中取来铜锭放入陶坩埚中溶化，炉火熊熊，有奴隶将一定比例的锡、铅等金属倾入铜液中，铜液在坩埚中翻滚着散发着灼人的热气，与此同时，已被组合预热好的陶范模被人拿过来，一位老者指挥着这一切，他再一次检查了陶范模和铜液的情况，挥手之间，已有分工的奴隶们开始了最后的浇铸青铜工作。坩埚被一点点地翻转过来，铜液通过陶范模的浇口被小心地有条不紊地注入，冒口立刻喷出一股热气。

紧张而兴奋的时刻，经过冷却现在可以去掉陶范模了，工匠们小心地打掉外范模和内范模，生怕震坏刚刚铸出的青铜器，雕塑青铜器的雕塑家也来了，他迫不及待地看着这一切。终于青铜器的陶范模清理干净，它完好无损，纹饰也很清晰，原先担心的浇铸失败的顾虑也烟消云散。

最后的工序是清理和打磨抛光，完成的青铜器青光发亮，冷气森森，闪着灼人的光芒，奴隶们静静地最后看一眼自己汗水和智慧的结晶，因为它最终将被摆在只有奴隶主贵族才能涉足的庙堂圣殿之上，他们是无法看到的。

这一幅全景画，简要描绘了一件青铜器的制作过程，从中我们可看到，一件青铜器的完成，明显有别于一般的容器器皿的制作工艺，它具有雕塑制作过程的全部特征。

第一，典型的雕塑艺术形式。用泥来塑造造型这是雕塑艺术最重要的特征之一，雕塑家将自己的审美感受、对造型的体会、对体积的研究、对感情的抒发、通过雕塑泥质这一材料，塑造出立体的艺术造型。青铜器通过塑、贴、削减等雕塑技法，整个过程已经超越了一般器皿简单的造型。尤其是在商周后期的青铜器制作中，这种雕塑的塑造技法发挥得淋漓尽致，雕塑者需要专门的塑造技术和经验，才能完成一件精美的雕塑艺术品。

第二，一件青铜器的完成必须经过泥塑、翻模、浇铸（转换为硬质材料）三个阶段，缺一不可，与现代雕塑艺术的制作工序完全吻合。雕塑泥塑的完成并不意味着全部雕塑的完成，必须转换为其他硬质材料才能便于存放欣赏，或铸成金属材料，或烧成陶，或打制成石木材质，而且材料转换是十分复杂的。雕塑有着复杂的外形和变换多样的体面，一般青铜器皿的铸造从器形塑造、翻模到浇铸没有如此复杂的过程。

第三，特殊的雕塑辅助工具的运用。人手不是万能的，雕塑的变化在于体面结构的起伏穿插，加之许多工艺化的精细的雕饰，由此就需要多样的特殊的工具来辅助完成，这也是一般青铜器皿制造时所没有的。

商周青铜器具有雕塑的特征，也有一个渐进的发展过程，并不是突然变化而来的，当一般青铜器皿简单的造型不能满足其自身的功用和特殊的欣赏价值，时代的人文精神理念促使它向着雕塑艺术的方向发展，这种趋势到商代中后期和西周时期越来越显著，但无论怎样的发展，整个青铜雕塑的制作过程是万变不离其宗的，只是雕塑更加艺术化，转换材料的过程更为复杂。

3. 雕与塑——丰富多彩的雕塑艺术表现形式

商周青铜器雕塑的塑造表现形式和技法非常丰富，圆雕、浮雕、线刻运用自如，其间融入了时代审美观念，达到了浑然天成的艺术效果。

圆雕是雕塑艺术的主要表现形式之一，它是一种完全或比较完全立体的造型形态，它是对三维立体形体结构美的最直接的表现方式。圆雕可以从各个角度观看欣赏，每一个微妙的角度变化都构成一个新的空间关系，使人获得新的形体审美感受，是对立体形式的充分表达，是雕塑中最完美、最完整、最具生命感的表现形式。

以圆雕形式来表现雕塑内容在商周青铜器中占有相当大的比例，构成商周青铜器最具雕塑形态的部分，主要包括两个部分。

第一，本身就具有完整圆雕形态的青铜器。这一类青铜器雕塑造型独立，形体明确，主要以动物鸟类造型为主，动物有牛、羊、象、虎、犀、猪、各种神兽等，鸟类有鸮、雁、鸳、凤鸟等，另有小型的动物如蛙、龟等，这些动物形象经过艺术加工，雕塑造型可以从各个角度去欣赏，其器物的实用性已退到次要的地位，其艺术价值完全由雕塑造型体现出来。

以圆雕形式出现的商周青铜器雕塑主要集中在尊、卣、觥这三种青铜器上，如湖南醴陵出土的象尊，象的形象特征、比例结构生动准确，外露于嘴角的象牙，有力的四肢，宽阔的腹腔，塑造得饱满结实，夸张的象鼻向上翻卷，构成富有活力的形式感，通体浮雕着龙纹、云纹，给人以完整的艺术形象，内在形体的坚实有力塑造得一丝不苟，表面装饰得异常华丽，雕塑造型完全独立。（图4-2）与象尊造型的浑厚有力相比，鸟类造型的尊又着力刻画得轻巧而富于变化，如鸮尊尖尖的喙、抓地的爪，凫尊长长的弯曲向前似长鸣的颈，都生动婉转富有情趣。上海博物馆藏的一件豕卣，雕塑出了一只可爱的小猪的形态特征，形体饱满浑圆，短小的四肢，突出的吻鼻，低首拱地的动态，刻画得惟妙惟肖，圆大有神的双眼和双耳以装饰手法的浮雕形式贴附在身体上，突出了整体形态特征，突出了雕塑结构所传达出的体积美。

图4-2　象尊　商

以圆雕动物形态塑造的青铜觥和卣也很有特点。日本藤田美术馆藏的一件羊觥，如果不是雕塑背上分割出的器盖，看不出这是一件可以盛物的器皿，这件青铜器雕塑，抓住了羊的整体特征，特别夸张了两只羊角，大而弯曲的羊角甚至遮盖了双眼，从任意角度看去都是完整的雕塑形态。著名的虎食人卣，是传世的青铜器雕塑艺术精品，这种形式的卣目前仅发现两件，可惜20世纪30年代都流失到海外，现一件藏于日本泉屋美术馆，一件在法国巴黎池努奇博物馆，两件虎食人卣造型大体相同，这两件青铜器雕塑的独特之处不仅在于其圆雕手法的娴熟运用，还因为它具有一定的表现内容，是内容形式完美结合的雕塑作品。以其中的一件为例，雕塑以典型的圆雕手法塑造了一只雄健的猛虎张着大口蹲坐着，在虎怀中又抱着一个侧头回望面色平静的人物，人的头伸入虎口中，一人一虎相向而抱，四肢交错而不紊乱，无论人还是虎结构特点交代准确，虎的肥大健硕体积和人物的体形相互映衬，造型上将虎尾着地形成足状，不仅加强了雕塑的稳定感，而且也突出了虎尾的有力，结构与力量相结合，雕塑结构转折起伏来龙去脉张弛有度，给人以特殊的美的享受。虎食人卣的内容存在着两种看法，一种认为虎张着极度夸张的大口，面目狰狞，又两只强劲的虎爪紧紧抓住一裸身跣足的人作正欲吞食状，表现出人类早期对大自然的无以名状的敬畏之情，因此名之为虎食人卣；另一种认为应名其为虎乳人卣，一虎吃人，一虎养人，含义完全相反，虎乳人以人与自然的原始顺应关系来解释，《庄子》讲到虎与人的关系说"虎之与人异类，而媚养己者，顺也"，意为人善待动物，即使是像虎这样的猛兽也会与人为善，描绘的是人与兽和谐相处的关系，至于人与虎异类生情的古籍传说也很多，循着这样一种虎与人相生的思路，有学者把这件青铜器定名为虎乳人卣或乳虎卣，认为该青铜器雕塑正是表现虎蹲踞哺乳小儿的造型意境。但无论是虎食人还是虎乳人，都证明这件青铜器雕塑在以内容形式完全结合来表现一种奇特审美观念。

大部分以圆雕手法塑造的商周青铜器雕塑在造型上都夸张了动物的特

征，对眼、足、翅的轮廓造型采用直线和一笔概括的整体弧线，表面再填刻以复杂的装饰纹样，具有一定的装饰意趣。商周青铜器也有完全以写实的手法进行形体塑造的，如陕西宝鸡出土的一件犀牛尊，从骨骼结构到皮肉质感的塑造都是写实的，代表着这一时期写实性雕塑艺术的水平。这件青铜器雕塑高35厘米，长57厘米，体量在青铜器中可算是比较大的，雕塑塑造了犀牛这种动物的骨骼结构及骨骼特征，解剖比例把握得非常精确，形成非常坚实生动的雕塑形体，尤其是在躯体结构质感的处理上，时而坚硬，时而柔软，肌肉富有弹性，骨骼皮毛的质感毕现，在角、尾、蹄的细节处理上一丝不苟，点明了特征，丰富了整体造型，器身上均匀浅刻着装饰云纹，是错金留下的痕迹，刻痕很浅随身起伏，丝毫没有影响青铜器整体的造型，是制作优异的雕塑艺术品。

圆雕形态的商周青铜器雕塑在外形上有一个共同的特征，即寻求造型的稳定性，无论是兽形还是鸟形无一例外地以静立的动态为主，兽形的青铜器雕塑四肢对称直立，少有走、跳跃和其他的动态，鸟形的青铜器雕塑为符合这种造型一般将尾羽下垂，与两爪自然形成三点一面，这或许是拘泥于器物本身的实用性特点，也有可能是为了便利浇筑青铜所形成的定式。

第二，还有大量附着在青铜器上作为附件的小型圆雕作品，它们是和整器相结合，具有实用功能，或仅作为一种装饰部件增加趣味具有一定的特殊含义。这类青铜器圆雕作品比较多，各类器物上多有塑造。

小圆雕起装饰作用的如陕西扶风出土的四鸭方鼎，以及河南安阳出土的旅盘、蟠龙纹盘。四鸭方鼎在器物的口沿四角呈对称形式雕塑着精巧的小鸭，造型生动活泼可爱，笨重而直线条的鼎的造型与以复杂形体塑造的圆雕形象形成了鲜明对比，使鼎的整体形象生动起来。旅盘和蟠龙纹盘也在器物的口沿处平均分布雕塑着6只小鸟，鸟仰头而尾翅高翘，夸张的眼睛炯炯有神，盘是盥洗盛水用的器物，器物的实用功能使这些口沿上的水禽小鸟给人以丰富的联想，起到画龙点睛的作用。传河南出土的一件龙纹罍，将口沿上的双柱头以圆雕形式雕塑成两只高高在上的凤鸟，双凤挺胸双眼平视，动态庄严稳重，高贵的气息扑面而来，是圆雕装饰作品中的杰作。

在商周青铜器中附件圆雕具有装饰和实用两种功能，著名的刖人守门鬲，将鬲下的小门把手雕塑成被刖足的奴隶，人物形象逼真，一条被砍掉的腿颇为刺眼，集雕塑造型、思想内涵和实用功能为一体，从雕塑艺术的造型中能感受到奴隶制社会阶级压迫的残酷无情。

将青铜器附件进行圆雕处理，主要在器物的腿足、盖钮、把手等处，这些附件高而突出，能够产生更见立体的雕塑效果，是圆雕艺术手法所易于表现的，这一部分圆雕内容有鸟禽等小动物，更多的则是颇具神秘色彩的虎、龙、怪兽。著名的莲鹤方壶，以其盖钮塑造的是一只展翅欲飞的仙鹤而得名，鹤的雕塑造型极具写实性，昂头展翅的动态生动传神，各部分的比例优美协调，即使将之单独欣赏也可成为雕塑中的上乘之作，它不但具有提取器盖的作用，更突出了雕塑造型的美，丰富了整个青铜器的艺术欣赏性。

商周青铜器将鼎、尊、壶的附耳以圆雕形式塑造亦是一大特色，尤其在商周后期表现得较为突出，如赵孟介壶、上海博物馆藏的龙耳尊、传河南淅川出土的蟠龙纹鬲为代表，这些雕塑内容为传说中怪兽的小圆雕均作头向上攀爬状附于器腹，它们扭身回首，雕塑体积感强健有力，

颇有气势，对青铜器的雕塑立体感起了强化作用。(图4-3)

图4-3 龙耳尊 商

商周青铜器还运用了大量的半圆雕手法，这些半圆雕往往与青铜器的主体部分融合，造型的正面和左右两面用圆雕手法表现，而背部连接原器物或用平面图案作衬底，这种半圆雕表现形体主次分明，且结构稳固，在青铜器的铸造中也比较方便。半圆雕仍可认为是一种圆雕的表现技法，因为它不进行形体体积的压缩，而是用比较完全立体形式来造型，大部分的角度是可以进行立体观察的。

国宝四羊方尊，是运用半圆雕手法塑造青铜器造型的代表作，这件青铜器雕塑四棱角各塑造为一只羊的立体形象，扭曲夸张而生动的羊角特征突出，羊腹与前两肢比例清晰准确，虽然后两肢隐没与器体融为一体，但动态体积非常饱满，达到了圆雕的艺术效果，隐没的体积结构又给人以充分的想象力。另一件比较典型采用半圆雕雕塑手法的青铜器是出土于河南安阳殷墟大司空村五三九号墓的鸮卣，它的独特之处在于将两只鸮的立体造型相背连合，鸮首鸮腹腿爪为立体形态，尖喙圆眼，大角小耳，双翅并拢，挺胸站立，体态丰满生动活泼，使圆雕艺术与器物造型达到了完美的结合。此种形式的青铜器还有英国不列颠博物馆藏的羊尊,上海博物馆藏的三鸠鬲,半圆雕的艺术效果是十分突出的,此类以半圆雕形式表现的青铜器雕塑共同特点是动物的头部完全圆雕,动物胸腹为器腹,或只将胸腹四肢前半部圆雕而后尾部分与器物造型融合,既实用又美观,生活气息浓郁。

浮雕是商周青铜器运用最多的一种雕塑技法,丰富多彩的浮雕表现构成了青铜器雕塑的无穷魅力。浮雕不类圆雕那样忠实于表现自然的体积结构关系,而是以平板为底,在底板的平面上雕塑出凸起的体积,这种体积是在平面的基础之上,经过对自然体积的压缩艺术处理,从而形成高低起伏的压扁体积效果,并通过一定的光线照射产生光影,由变幻的光影造成立体的假象错觉。浮雕主要适于从正面欣赏,有时也可以从侧面观察物象的轮廓起伏和神情姿态的变化,这种雕塑手法采用散点透视和破时空透视,利用体积变异、线条变化的流畅,极具装饰感。

浮雕的高低厚度是与其所依附的建筑、器物有很大关系的,以不破坏主体的结构形体为原则,青铜器浮雕根据物体体积压缩至的高度厚度不同,主要分为高浮雕、浅浮雕、薄肉雕和平面雕四种。

(1) 高浮雕是指从底板到浮雕面的起物线厚度比较大,体积压缩较小而接近于圆雕,某些部位如人面的鼻部、眉部只进行少许的压缩处理,它的特点是雕塑面突起很高,结构体积面高点具有较明显的参差错落,有时为了强化立体的效果,起物线还可以内收,适合于表现体积饱满气势雄壮的形体。商周青铜器雕塑运用高浮雕技法来表现的比较少见,最著名的是传出河南安阳殷墟现藏美国弗利尔美术博物馆的人面龙纹盉,这件盉的器盖是双角人面形,后脑接续龙纹躯体作为器身的主体雕饰，龙身的两爪合抱于盉流的两侧，其造型在商周青铜器雕塑中非常少见而奇特。作为主体雕饰的人面为高浮雕艺术化处理，侧视其起物线很高，浮雕的整体厚度超过了实体人面体积的 2/5，体积压缩错落有致，雕塑手法比较写实，五官生动突出，比例结构准确，利用压缩归纳和多层次的艺术处理，人面头顶两只角状突起，既便于提拿，增强了浮雕的结构变化，又使整器变幻出浓厚的神秘色彩，加之器身龙蛇纹、云雷纹的衬托，显得诡异瑰丽。这种样式的商周青铜器雕塑迄今为止发现仅此一件，高浮雕艺术所产生的视觉效果是非常强烈的，是我国古代早期高浮雕作品的典范。

高浮雕作为商周青铜器雕塑的使用手法比较少，是因为以这种手法塑造的青铜器雕塑在翻制范模时要分很多块范模，否则起物线厚度高起不便于脱模，程序复杂且容易在合模时产生变形现象，因此除了极少数运用高浮雕手法塑造主要造型，大部分的高浮雕是作为器物的小附件出现的，如在鼎、鬲、簋、壶的肩部、腹部就有大量高浮雕的小兽头，内容有牛、羊、虎、象、龙、凤等，如在殷墟出土的商代晚期的黄簋、兽面纹簋、子庚簋、子渔尊、妇好偶方彝等在器物的肩部、亚址斝、兽面纹觥手柄部雕饰的高浮雕兽头，爰方鼎、父己方鼎等在口沿下部高浮雕连续凤纹的造像，起到了极好的装饰作用，增加了器物表面形象的起伏变化。

商周青铜器雕塑对高浮雕的运用不是一成不变的，而是在塑造时颇具想象力，创造了新的高浮雕塑造形式，试举两件。一是将高浮雕与实用附件相结合，如河南安阳殷墟出土的北单卣，将提梁雕塑成双头蛇形，高浮雕的蛇头贴于器身，蛇身扁平，虽然部分悬空而无底板衬托，但起物线体面的压缩恰到好处,增加了青铜器的造型可视性,独树一帜。(图4-4)二是同一个造型内容浮雕圆雕相结合,也可看作是高浮雕的变体形式,这是商周青铜器雕塑艺术的独特创造,如1957年出土于安徽阜南的龙虎尊,其肩部对称雕饰着四条龙,腹部对称雕饰着一头二身的虎,奇特之处在于龙与虎的头部都以近似圆雕的高浮雕形式出现,肩部的龙头伸出器身,龙身则以浮雕形式贴于器身,腹部的虎身体部分也浮雕于器身,两浮雕身躯共用一头,一头两身的表现手法使得无论从哪个侧面看去,都能观察到完整的虎的雕塑全貌,整器诡异神秘,整体气势气宇轩昂。这种独特的雕塑艺术表现产生了奇特的视觉效果。(图4-5)

图4-4 北单卣 商

图4-5 龙虎尊 商

（2）浅浮雕是商周青铜器雕塑大量运用的雕塑手法，可以说，青铜器如果没有浅浮雕的装饰其艺术效果将大为逊色。浅浮雕是雕塑艺术的主体组成部分，它利用大力压缩物体厚度的方法，把饱满的体积、复杂的结构通过艺术化处理在底板上压缩到很低的程度，它利用形体的透视原理和体面层次形成的光线明暗关系，显示出真实的体积感，它经常与建筑、器物相结合起到装饰的作用，具有平稳缓和，明暗丰富和戏剧化的艺术美感，比较适合于表现复杂的场景，具有一定的绘画特点。商周青铜器浅浮雕的运用有很多共同的特点：一是浮雕压缩处理省略细节，保持整体，主要形体重点突出，主次呼应，次要的浮雕多以二方连续的形式雕饰于器物的肩部、足底部。这种艺术处理强化了浮雕的节奏感，既达到了装饰华丽的效果，也使得浮雕画面繁而不乱。二是浮雕压缩过程中采取了装饰处理的手法，这种手法往往使人误认为其为一般的装饰而非浮雕，采用这种装饰的手法是和商周时期审美观念有关系的，商周时期不论石雕还是玉雕都采用同一类的艺术表现，可见其表现手法是一脉相承的，是一个完整的艺术表现体系。三是浅浮雕和线刻相结合。浮雕可以完美地表现复杂的体积，而线刻则对细节进行深入地刻画，运用线来雕饰纹样对浮雕进行丰富，不仅衬托了整体体积的美感，在雕刻塑造翻模时也易于操作，容易达到比较好的艺术效果。四是浅浮雕主要起到装饰器物的作用，是从属于器形的，因此大部分的浅浮雕都随器形而起伏，绘画感很强。

商周青铜器浅浮雕的内容只有极少的人物表现，以兽类造型为多，很多是我们熟悉的自然界的动物形象。

对人物形象进行浮雕处理是最能展现浮雕艺术技法与魅力的母题，传湖南长沙出土的人面方鼎，就是这一主题的杰作。这件大鼎最初是在长沙的废铜仓库中找到的，在即将倾入熔炉的时刻被抢救出来，其时已碎为九块，又缺一足，几年后丢失的鼎足才在株洲找到，经过文物工作者的修复得以复原。这件方鼎器身四面各浮雕一很大的人面，人面形象几乎占据了各面的全部面积，面部五官完整，体积结构进行了浮雕压缩艺术处理，除鼻部外，眉弓、颧骨、下颌、嘴部几乎在一个平面上，又有微妙而丰富的体面参差变化，产生的光影效果十分强烈，人面四周空档处饰以简单的云雷纹，耳部与云雷纹互相借用融为一体，整器简约而不失大气，浮雕压缩处理鲜明和谐，形象突出。（图4-6）

浅浮雕在商周青铜器上的运用可说是无处不在，形式多样，纷繁复杂，这里有三件例子可以进一步说明其特点。鹿方鼎和牛方鼎是河南安阳殷墟出土的两件商代青铜重器，鹿方鼎高60.8厘米，牛方鼎高73.2厘米，两鼎现藏台湾"中央研究院历史语言研究所"。这两件方鼎在器

图 4-6　人面方鼎　商

身主体面上分别浮雕有牛头和鹿头,形象结构特征鲜明准确,鹿的形象,角分四叉对称分布,耳呈贝状,口鼻尖削,眼眶上翘,牛的形象,其角突出特征粗壮有力,大眼环鼻,尖状牛耳,两形象浮雕在整体处理上抓住主要特征,对大的结构体积进行了强有力的浮雕压缩处理,面部的体积微微起伏,起物线非常浅,但在侧光下产生的体积效果是非常强烈的,在这个基础上浮雕又结合了装饰的手法对局部进行了雕饰,如鹿、牛的鼻骨中线装饰成高高凸起的棱脊,下颌装饰成涡卷,不但更加突出了主题造型的完整,而且线条轮廓更加丰富富有弹性,对形象特征起到了强化作用。在鹿头牛头浮雕上还雕饰以丰富的线刻,如牛的角和眉部,补充了局部细节,刻画线条整齐规律,本身也具有很强的美感。(图 4-7、图 4-8)

四、商周青铜器与雕塑艺术 | 97

图4-7 牛方鼎 商　　　　　图4-8 鹿方鼎 商

　　殷墟出土的妇好钺，浅浮雕的艺术效果也十分突出，这件钺上的浮雕构图是两只张口猛虎，虎口中央为一浮雕人头，整体做虎吞人头状，内容充满了血腥肃杀气氛，很符合钺的象征性功能。两虎做侧面形象，是浮雕表现最理想的构图形式，侧面形象体积空间深度比较单一，利于浮雕的压缩处理，外轮廓也较完整，便于在平底板上刻画。妇好钺上的两虎形象在浮雕压缩处理上抓住了头、躯干、侧面两肢的几大块体积结构，骨骼分明，头部的坚实，腹部的饱满，肢体的强健，都通过压薄的体积表现出来，富有肌肉的质感，起物线轮廓很清晰，虽然平底板上刻满了云雷纹线条，主体形象仍跃然而出。青铜器本身透露着统治阶级的冷酷无情，但艺术造型仍显示出时代的审美趣味，浮雕虽然进行了装饰化的处理，涡卷而硕大的耳和粗壮的爪，非但没有使画面形象轻松起来，反而强化了浮雕的紧迫感及力度。（图4-9）

　　雕刻有优秀浅浮雕作品的商周青铜雕塑还有很多，如殷墟出土的妇

图 4-9　妇好钺　商

好偶方彝、亚址卣上雕饰的凤，旅盘上的鱼浮雕，都展现了商周青铜器浅浮雕的独特艺术魅力。

商周青铜器上的浅浮雕还有一种新特的形制，它利用器物两面交接的棱为中心，每面各浮雕兽面的一半，从侧面看为全侧形象，而从正对棱线的角度合起来看又是一个完全对称的、完整的兽头形象，如现存日本根津美术馆的左、中、右三件一组的大方盉和日本白鹤美术馆的亚矣方卣，很明显这种浮雕方式借器形展现兽头的立体感，但由于每个侧面都为平底板，体积结构都是经过压缩艺术处理的浮雕形式，因此仍将其归为浮雕类型。

（3）在一千多年的青铜器制作过程中古代雕塑家将浮雕这种雕塑艺术形式运用得炉火纯青，技巧方法千变万化，几乎涉及了所有的浮雕雕塑技法，其中包括薄肉雕和平面雕。

薄肉雕是一种塑造难度很大的浮雕艺术形式，它比浅浮雕更薄，体积结构压缩更厉害，起物线基本消失，只是在平底板上隐现出极薄的体积结构起伏，形式富于装饰绘画性，体积变化微妙而肉感很强，表现出的形象纤弱轻盈，隐现出生命的活力。商周青铜器以薄肉浮雕表现的内容多为蝉、鱼，也有凤鸟，大型兽类则比较少，对体形小巧的小动物的塑造极好地体现了它们的灵动性。传出安阳殷墟现藏美国弗利尔美术馆的亚舟鼎和殷墟妇好墓出土的妇好鼎，在圆鼎的下半部都围绕雕饰着一圈以薄肉浮雕手法塑造的蝉，蝉的形象虽已经过装饰化处理，但其微微隐起于底板的形态，生动自然，轻薄柔软，其厚度甚至只能从侧面才能看到高起底面的体积，虽然只是很小的体积突起，但已经使平面的雕饰层次光影变化效果显著。（图4-10、图4-11）这种薄肉雕在商晚期以后比较流行，形成了一种魅力独具的艺术风格，典型的还有殷墟出土的现藏美国芝加哥艺术馆的商代兽面纹方罍，其通体都以浮雕来装饰，环口沿是两两对称的凤鸟，器腹上沿是变形凤鸟浮雕，器腹每面中部都是薄浮雕的龙头纹，龙头纹和凤纹压缩得非常薄，只有在一定的光线下可幻化出丰富的体积变化，器腹变形凤纹不但薄且饰以连续不断的线刻回纹，这些刻画在极薄体积之上的线条与底纹反差若隐若现，整器表面给人一种朦胧细腻的美，是典型的薄浮雕产生的艺术效果。

平面雕是在整体打平的平面上先刻画出物象的轮廓，再用刀具剔去一层多余的薄底，保留下来的形象表面平整，这种雕刻不是按照原物的体积进行厚度压缩，其表现出来的造型高低层次平整，简练概括，形成有规律的阴影线块，明暗效果十分突出，又不伤害整体造型，平面雕制范模也很方便，范模不易变形，因此，平面雕是商周青铜器运用时间跨度最长，雕饰器形最多，长盛不衰的雕塑艺术形式。平面雕由于其塑造的特点往往和线刻相互穿插运用，著名的亚址方尊，无论是凤纹还是兽面纹都采用平面雕的塑造手法，形象棱角分明，阴影反差大，力度感很强。

图4-10 亚舟鼎 商

图4-11 妇好鼎 商

需要指出的是，商周青铜器的雕塑手法，圆雕、浮雕、浅浮雕、薄浮雕和平面雕线刻都不是单独出现的，在一件器物上大多是以几种方法并用相互组合陪衬，并能根据器形采用相应的塑造方法，营造出或庄重或瑰丽或活泼的形式美。

商周青铜器上的纹饰和各种动物造型是青铜器雕塑表现的主要内容，带有鲜明的时代特色，是我国商周先民继承新石器时期装饰风格的发展与变化。商周青铜器将纹饰、时代审美与社会政治经济生活相结合，纹饰是独立而完美的，通过纹饰的研究可以使我们了解数千年前的雕塑艺术所反映的文化内涵。

商周时期的国土已经基本涵盖了黄河、长江流域的大部分地区，也包括东北、岭南的一部分地区，从当代青铜器出土情况看，虽然以黄河流域中上游的青铜器出土发现最多，但辽宁、甘肃、四川、湖南等地也有很多精美重要的青铜器出现，它们的纹饰相互之间存在着有机的联系，根据考察重点兼顾边缘的原则，这些纹饰大致可分为四类。

第一类，几何纹。几何纹是由几何形的图案线条组成的有一定规律的纹样，追求形式结构上的韵律变化，主要包括云纹、雷纹、涡卷纹、三角纹、方格纹等。雷纹和云纹都是单线或双线自中心往复向外环绕的曲线构图，以富有弹性的回旋线条组成的是云纹，多呈"S"形，回旋线条有方折角的称雷纹。雷纹、云纹常常在青铜器雕塑中起衬底作用，往往低于主纹雕饰，商代中期以兽面纹为主的青铜器和商代晚期、西周早期的浮雕空隙处，常施以大量的云纹、雷纹，造成繁复华丽的肌理视觉效果。涡卷纹、三角纹、方格纹都是以单线条以一点为中心旋转或以双线条平行排列形成似涡卷似山形锯齿的圆形、三角和方格形的图案，这些图形主要以填空的形式根据空隙的形状而定，起到衬底的作用，有时在雕塑体表面也有刻画，比较盛行于商末周初。（图4-12）

第二类，神兽纹。是人们根据想象借取现实动物特征重新组合创造出的动物形象，主要包括所谓饕餮纹、龙纹、夔纹、兽面纹、波曲纹、凤纹。从宋代开始将青铜器上表现兽的头部或以兽的头部为主纹的纹饰统称饕餮纹，饕餮纹之饕餮，其名源自《吕氏春秋·先知览》，曰："周鼎铸饕餮，有首无身，食人未咽，害及其身，以言报更也。"但商周青铜器的此类纹饰与传说饕餮之含义有所差异，所以应称神兽纹比较切实一些。商周青铜器雕塑的神兽纹是主纹雕饰，多以面部正面形象出

图 4-12

现，以圆雕、高浮雕、浅浮雕塑造，特点是以鼻梁为中轴左右对称，耳、鼻、眼、口、角结构完备，其最显著的特色是一对突出的兽目，给人以直视而炯炯有神的逼视感，是商周青铜器雕塑的标志。

龙纹，龙的形象在我国有着悠久的历史，河南濮阳发现的新石器时代用贝壳堆塑的龙的形象已相当完整清晰，商代早期龙纹的立体形象又有所创造，如龙虎尊肩上的龙纹浮雕，有宽阔的吻和似长颈鹿的角，体躯弯曲蜿蜒，到了商周后期的四羊方尊上的龙，已有鳞片兽爪，颇有气势。商中期以后的龙纹出现频率增多，且有多种变体形式，如爬行龙纹、卷体龙纹、交体龙纹、两头龙纹，在塑造时装饰因素逐渐增多，到西周中后期还出现了似蜗牛身体一样的蜗卷龙纹。青铜器雕塑中常见有长着奇特的头部，类似爬虫的动物形象，古称夔纹，由于身体特征与龙极为相近现将其并入龙纹，以便于雕塑艺术的整理研究。

凤纹，凤是人们想象中的羽饰和鸟冠华丽的神鸟，在商周青铜器雕塑中也是主要的雕饰内容，商代早期凤纹就已出现，到商末周初青铜器中的凤纹雕饰层出不穷，西周早期到穆王、恭王时期有人称之为凤纹时代。凤纹圆雕浮雕形式都有，以浮雕形式出现的装饰性很强，表现手法也很多。

波曲纹，这种纹饰是以似波浪反复的主线夹以变形的兽面纹组合而成，由于形象奇特又不似几何纹样，因此归为神兽纹类。波曲纹多以条带状装饰在器物肩部和底部，为西周中晚期到春秋早期饪食器和酒器的主要纹饰之一，西周孝王时代的大克鼎，宣王时代的颂壶都在腹部和颈部雕饰有精美的波曲纹。（图4-13）

图4-13

第三类，动物纹。以现实中存在的动物为描摹塑造对象，具有明显的写实性。商周青铜器雕塑塑造的动物种类繁多，主要有牛、羊、象、鹿、犀、虎、猪等大型动物，小型动物和鸟禽有鸭、鸮、雁和蛇、蝉、鱼、龟、蟾蜍等。动物纹的雕塑大致有几个特点。其一，由于表现的写实性，各类动物的造型形象特征都力求准确生动，而且往往作为青铜器的主雕塑出现，占据着重要的位置。其二，造型上正面形象多只取头部，以圆雕、高浮雕为主，如是全身形象则多以侧身出现，以浅浮雕加线刻、平面雕为主。其三，选取的动物形象能与青铜器的功能相结合，如盂、盘多雕饰鱼、鸭等与水有关的小动物，给人以身临其境的想象力，而鼎、尊等礼器多雕饰以牛、凤、象、虎等大型动物以增加青铜器雕塑的气势。（图4-14）

图4-14

第四类，出现较少但很有特色的人面纹、绳纹等。商周时期整个社会对自然界的神秘心存疑惑和恐惧，加之宣扬这种神秘感对奴隶主统治具有利用价值，因此与人存在一定距离的所谓神兽就在青铜器雕饰之中泛滥，反而对人自身关注的较少。在商周青铜器纹饰中人面纹雕饰少见，但一般比较写实，通常与其他神兽纹饰配合被赋予半人半兽的神性，如头上长角、口中有獠牙、长有龙蛇的身躯，这种情况在商中晚期出现较多，著名的如人面龙纹盉、人面方鼎。

4. 诡异瑰丽——奇特的雕塑艺术风格

纵观中国古代雕塑艺术史，每一个时期都有其显著的雕塑艺术风格，这种风格可以使我们从丰富多彩的具体作品中洞察到时代的审美价值取向。商周青铜器由于其悠久的历史，奇特的雕塑造型，实用性与艺术性的紧密结合，在中国古代雕塑史和世界雕塑史上具有无穷的魅力，展现着独特的有别于其他时代的艺术美。

艺术风格是指艺术家的创造个性与艺术作品的语言、情境相互作用所呈现的相对稳定的整体性艺术特色，风格是一个艺术家一个时代创造个性成熟的标志，也是由此产生的艺术作品达到较高艺术水准的标志。风格不同于一般的艺术特色或创作个性，它是通过艺术作品表现出来的相对稳定，更为深刻也更为本质的反映出时代艺术家个人精神气质、审美观念、审美情趣、审美理想等内在特征的外部印记，风格的形成是艺术家、民族、时代在艺术上超越了最初的幼稚，摆脱了各种模式化的束缚，从而走向成熟的标志。风格也是由艺术作品的独特内容与形式相统一，并由作为创作主体的艺术家的个性特征与时代民族等社会历史条件相统一而形成的，风格虽然与艺术作品的内容与形式都有关系，但从根本上说它是形式与内容以特定方式统一起来的一种核心力量。

  我国原始时期的彩陶，已经很富有艺术的气息，先民们在生产劳动和生活中将对美的事物和美的情感的抒发转换成具有美的旋律的抽象线条，施于陶器之上，借以美化生活和达到对美的欣赏，这些各式各样的粗细不一，规律而严谨的线，表达出的是精巧、明丽、质朴率真和和谐的艺术风格，体现出一个原始人类"大同世界"的生活氛围，虽然人类先民生存的自然环境是恶劣的，时常受的天灾、野兽、疾病的侵害，物质生活水平低下，但人们的关系是氏族聚居，没有阶级的从精神到肉体的压迫，人类一切的活动都只在于与自然的抗争，从反映精神世界的艺术产品看完全印证了那个时代的社会历史本质。夏商周三代中国进入奴隶制社会以后，私有制出现，拥有巨大财富和权利的奴隶主阶级为了维护自身的统治地位，建立了服务于奴隶主的政治体制、社会秩序，法律的齐备，军队的建立，使占大多数的奴隶屈服于特权，宗教迷信又使这种屈服披上了天命的外衣，因此人的精神世界活动产生了变化，作为这种精神内质外在的物质的重要标志之一，艺术作品风格也为之一变。商周青铜器艺术（包括雕塑艺术）在那个特定时代是服务于奴隶主阶级的重要思想工具，从这些经过复杂制作过程而呈现出的青铜器上，已经几乎看不到轻松活泼的艺术风格，取而代之的是凝重、神秘、肃杀的艺术表现，承接于原始彩陶的装饰纹样"由活泼愉快走向沉重神秘"①。这种艺术风格产生的独特外在艺术形象是对人精神生活的威压和迷惑，这种奇特的美的形式以青铜器为载体出现在祭祀、册命、赏赐等各种体现奴隶主特权的场合，在漫长的商周历史中始终占据着艺术表现的主导地位。

商周青铜器雕塑艺术对特殊美的追求使其形成显著的时代艺术风貌，这种美具有时代性，它随着时代的发展而发展，随着时代的变化而变化。每一个时代都有着不同的审美要求，正如车尔尼雪夫斯基所说"每一代的美都是而且也应该是为那一代而存在的"，正是时代美的特殊性才造就了商周青铜器艺术风格的特殊性。

商周青铜器艺术风格不是单一的、简单的美的外在形式，而是一个综合的审美体系，从几个方面可以看出商周青铜器艺术具有一种独特艺术风格所体现的本质特点。

首先，商周青铜器艺术的题材选择具有一贯性。从"天命玄鸟，降而生商"到姜嫄履巨人迹诞生周的祖先可以看出，掌握着特权和财富的奴隶主阶级从一开始就把自己看作是神的子孙，是受神保护的，为了维护自身的特殊既得利益进行着大量的祭祀和供奉仪式，在这些仪式上出现的青铜器需要体现出奴隶主阶级自命为神之后代的高贵身份，它们的等级无疑是高于一般生活用器皿的。在青铜器题材的选择上，商周时代的人们可能认为那些从未谋面的神祇完全不是现实中所见到的形象。在那个历史时期人还没有完全掌握自然的规律，还在与自然做着顽

---

① 李泽厚：《美的历程》，天津社会科学院出版社2001年版。

强的抗争，因此在那时看来有着巨大威力的自然力之下，人是何等的渺小，有一种看不见的力量在摆布着他们，他们把神想象成具有和人完全不同的躯体精神的神奇生命体，这一理念使得商周青铜器雕塑题材内容多选择具有奇形怪状的外在造型，似是而非现实中存在的动物形象，在青铜器雕塑中一般很少以人为主体，而动物无论是凶猛噬人的虎，奇特的鸮鸟、凤、蛇，还是体格健壮的牛、犀、象，或是奇形怪物夔、龙，始终在题材上占有绝对的中心位置，它们只有在历史的沿革中艺术化的外在形式的变化，变得更威猛、更神奇华丽，塑造更精致，从来就没有被其他的题材所取代，成为商周青铜器雕塑艺术直始至终的表现内容。

其次，商周青铜器雕塑艺术具有独创性的主题。夏尊天命，商尊鬼神，周尊礼仪，无不带有强烈的巫教祭祀文化性质，在"国之大事，在祀与戎"的商周社会，社会政治始终围绕着对祖先神祇的祭祀和对领土权利的争夺。祭祀是为了祈求冥冥之中神灵的护佑，商周时期凡事必卜必祀，商代迷信巫风盛行，占卜祭祀成为日常必做之事，祭祀使对超自然力量十分崇拜和对自身能力产生怀疑的上古先民找到了可以寄托希望人神沟通的媒介，虽然最终巫教迷信成为奴隶主阶级表达本阶级利益的工具，但奴隶制时代夏商周三朝的兴起嬗变是与祭祀占卜文化有极大关系的，司马迁《史记》就说"三代之兴，各据祯祥"。

在宏大的被神秘气氛笼罩着的祭祀场所出现的青铜器，盛满着为神而奉献的牺牲，战争的俘虏和与牛马无异的奴隶在这些场合被无情的杀戮，显示着整个社会对所谓的神的敬畏和对权力的维护，商周青铜器在这些场合频频出现成为一种特殊的象征物。祭祀和宴享都是群体性的带有宗教意义的活动，它的主题十分突出。祭祀的主题都是告慰祖先神灵，或者祈祷神灵给以护佑，宴享也是在与神灵共享酒食之美的同时凝集整个家族王权的力量活动。因此，青铜器艺术的主题是权利和对神祇的敬畏，从禹铸九鼎开始这一主题就已确立起来。鼎、鬲、簋、卣、刀、戈、钺这些雕塑主题内容是非常独特的，只出现在以商周为代表的奴隶制社会，并且达到了后代无可比及的艺术高度。

再次，商周青铜器雕塑艺术有着独特的形象塑造。从商周青铜器所醉心的主题出发，必定表现出的不是轻松活泼愉快的艺术形象和艺术语言，商周青铜器上特殊的形象塑造，虽然看似来自现实生活的动物，但它们被承负着沉重的思想内涵，每个牛头、虎头、羊头、鸮头都进行了浸润时代精神的艺术加工，夸张了巨大的面部，夸张了突出的炯炯有神的双目，突出了尖利的口齿、有力的巨爪，使牛羊一类较为温顺的动物也充满着一种力量和神秘感，更不用说龙、夔这些本身就是为着展现神秘与灵异而创造出来的神物了。（图4-15）商周青铜器雕塑的独特造型甚至使凤鸟、蝉、鱼这些本身具备活泼、自由、美丽特质的动物也幻化出凝重庄严的造型特点，商代的一件凤纹罍，耸立于双柱之上的双凤圆雕，头上顶着无上的花冠，昂首挺胸，目不斜视，一幅高高在上唯我独尊的气势，夸张的造型足以代表商周青铜器艺术的精髓所在。（图4-16）

第四点，艺术语言的独特运用也展现出商周青铜器艺术的风格。商周青铜器雕塑艺术语言不是以写实为主的，而是重在写意。商周青铜器雕塑是要通过可视实在的雕塑形象体现抽象的神赋予的权利和远在缥缈之间的神的形象，现实中的动物由于距离人的生活太接近，人们一眼就能看透它的脾性，因此青铜器雕塑初衷就是要以艺术的手段、艺术的语

图 4-15 妇好鸮尊 商

图 4-16 凤柱斝 商

言拉开这些代表神的特殊形象与人的距离,从而使人产生神秘的幻想和处于一种无以名状的恐惧状态之下。青铜器雕塑的写意,表现在突出能够使人产生畏惧的内在因素,这种因素不是很大的动态,而是静态的本质的内心世界,比如,看到充满逼视感的深邃的双目,展现动物的尖利的爪,都可以使人感到即使不是面对着某个具体的人,其威吓的力量也望而生畏,这就是点到为止,意在笔先,薄薄的浮雕或是以线条勾刻的画面,那些足以表现出特征的本质的静穆严肃,就能使我们感到它的威慑。

商周青铜器独特的艺术语言还在于其对装饰形式的运用。装饰可以强化重点,规矩的线条、对称的块面,经过装饰化处理,形象更醒目,更能体现与现实的距离感。商周青铜器的艺术造型是装饰与写意的完美结合,完全的装饰只是表面的华丽,而将现实动物的真实面貌加以装饰,则赋予了装饰深刻的内涵,既似曾相识没有脱离人的思维空间和生活的体验,又高于真实的生活实体,从而有利于相互的视觉精神沟通,便于留下深刻的印象。

需要特别说明的是,商周青铜器的艺术风格是时代精神的风格,这种风格由于奴隶主阶级的操纵而形成一个时代的艺术风貌,马克思、恩格斯曾指出"支配着物质生产资料的阶级,同时也支配着精神生产的资料,因此,那些没有精神生产资料的人的思想,一般的是受统治阶级支配的"。从人类历史的发展过程看,民族精神和时代精神在人类早期的历史中,是通过一种无意识的方式对艺术家的作品风格施加影响。在商周奴隶制时代,雕塑制作青铜器的工匠奴隶并不能自觉地意识到他们在创造一种属于自己的艺术风格,他们只不过是根据奴隶主的意志,根据流传下来的习俗、惯例和规范来进行艺术作品的创造，他们也未必意识到自然环境、文化风格对其作品风格形成有何作用，他们没有一种作为艺术家的自我意识，而是把如此这般的创造雕塑作品完全看作是一个自然的过程。那些成千上万的工匠艺术家共同创造出了一个时代的艺术风格，因此，商周青铜器雕塑艺术的风格，不是一个人、几个人的艺术风格，而是整个一个时代的艺术风格。

  商周青铜器体现着一个时代的艺术风格，这种艺术风格又是呈现一种什么样的美呢？李泽厚先生通过对美学的解析，认为商周青铜器艺术的美是一种狞厉的美。他认为奴隶制社会制度的确立"在上层建筑和意识形态领域以'礼'为旗号，以祖先祭祀为核心，具有浓厚宗教性质的巫史文化开始了，它的特征是，原始的全民性的巫术礼仪变为部分统治者所垄断的社会统治的等级法规，统治阶级在宗教衣装下，为其本阶级的利益考虑未来，出谋划策，从而好像他们的这种脑力活动是某种与现存实践意识不同的东西，它不是去想象现存的各种事物，而是能够真实地想象某种东西，这即是通过神秘诡异的形式来提出'理想'，预卜未来编造关于自身的幻想，把阶级的统治说成是上天的旨意"，认为"以饕餮为突出代表的青铜器纹饰，已不同于神秘的几何抽象纹样"，"在现实世界并没有相对应的这种动物……这种东西是为其统治的利益，需要而想象编造出来的'祯祥'或标记，它们以超世间的神秘威吓的动物形象，表示出这个初生阶级对自身统治地位的肯定和幻想"，因此，"各式各样的饕餮纹样及以它为主体的整个青铜器其他纹饰和造型，特征都在突出这种指向一种无限深渊的原始力量，突出在这种神秘威吓面前的畏怖、恐惧、残酷和凶狠"，商周青铜器上雕饰的各种纹样，如人面、夔龙、凤、鸮，"它们完全是变形了的，风格化了的，幻想的，可怖的动物形象，它们呈现给你的感受是一种神秘的威力和狞厉的美"。

李泽厚先生认为，商周青铜器艺术"它们之所以美，不在于这些形象如何具有装饰风味等等，而在于以这些怪异形象的雄健线条，深沉凸出的铸造刻饰，恰到好处地体现了一种无限的、原始的、还不能用概念语言来表达的原始宗教情感、观念和理想，配上那沉着、坚实、稳定的器物造型，极为成功地反映了'有虔秉钺，如火烈烈'那进入文明时代所必经的血与火的野蛮年代"。为了证明商周青铜器具有狞厉的美感，他又进行了进一步的补充，认为人类早期的文明进化是无情的，"暴力是文明社会的产婆"，青铜器的制作及其特殊的雕饰内涵"与当时大批杀俘以行祭祀完全吻合同拍……因之，吃人的饕餮到恰好可作为这个时代的标准符号……这种双重性的宗教观念、情感和想象便凝聚在此怪异狞厉的形象之中"。

"在那看来狞厉可怖的威吓神秘中，积淀着一股深沉的历史力量"，李泽厚先生从历史唯物主义的观点出发，剖析了商周青铜器艺术的美的特征风格，把商周青铜器艺术放到了整个时代的大环境之中，从时代精神洞悉青铜器雕饰艺术的具有深刻内涵的美。

王子云先生是我国古代雕塑艺术理论研究的泰斗，他对商周青铜器艺术的美的分析，剖析时代精神的同时着眼点更多地放在青铜器雕塑本身，从具体的作品中发现美的风格特征，王子云先生认为"中国奴隶社会时代大量制作的青铜器，不仅为奴隶主阶级所占有，而且是他们统治势力的象征，当时的奴隶主贵族，往往由于各种政治特权，如祭祀、战争、册命、赏赐等,驱使奴隶工匠雕铸各种各样的青铜器",但商周青铜器"从设计塑形,脱模,尤其是器身的花纹装饰,都属于雕塑艺术的创作范围",通过对商周青铜器的塑造特点、纹饰的构成特点、雕饰内容的分析,认为"不论器形整体或纹饰部分,都显示出浑朴、庄重和精致瑰丽的气质,但同时也具有威严、神秘的气氛,反映了奴隶主阶级的阶级意识和审美观点"①。

张光直先生在《中国青铜器时代》一书中的论点与王子云先生相近但与李泽厚先生的论点却大相径庭,他认为青铜器上骇人而诡异的兽头,尤其是人头置于猛兽口中的形象,不是吃人的影像,而是人与自然的和谐相处,是象征祖先保护神对人类的佑护,因此青铜器雕饰的兽乃相助者而非敌对者。他特举了著名的虎食人卣为例,在一只面目可怖的猛兽怀中抱着的一人,如果是吃人,人却毫无惊恐挣扎之感,反而左顾右盼神态安详,似乎要说些什么,认为这足以证明商周青铜器的雕饰是体现祖先的仁慈与佑护,因此张光直先生称之为虎乳人卣,如果是这样,商周青铜器的艺术风格更平添了几分神秘和诡异,其恐怖狰狞的气氛就要减弱很多。

艺术和美是密切相连的,因为艺术就是一种美,如果没有美就无艺术可言了,艺术必须具有美的特征才能被称为艺术,才能具有特殊的美的艺术风格,商周青铜器雕饰着奇特诡异花纹的动物,各种散发着神秘色彩的有异于现实中形象的动物造型附着在、爬满了青铜器的表面,在人的视觉感官中留下了阴森诡秘的印象,这些青铜器雕饰美吗?答案是

---

① 王子云:《中国雕塑艺术史》,人民美术出版社1988年版。

肯定的，它不过是不同于我们通常习惯欣赏的美，是一个特殊历史时期所特有的美，是一种诡异的美。

艺术的美对人具有认识作用和教育作用，这些作用必须通过人对艺术作品的审美才能发生，试想在一个彩旗猎猎香火缭绕的重大祭祀场合，一排排盛着牛头、羊头、美果甚至人头的闪着烁烁银光的青铜器，是为冥冥之中的列祖列宗、无上威力的神灵而奉献的，承担着人与神进行沟通的重担，是作为子民的后代所奉献给祖宗神灵的人间最美好的东西，青铜器渗透着恭敬仰慕之心，要显示出其特殊的象征性功能，必定要引起人的感官关注才能达到，因此对青铜器要进行最美的艺术加工。直接将贡献的牺牲置放在桌面上就没有盛于陶制的器皿中显得恭敬与重视，而盛在青铜器中就又显得庄重严肃，之所以有如此的区别，在于人通过对雕饰着华丽花纹和造型奇特的器物的关注、审视、审美，发现了其中包含着的吉祥美好的隐喻，并由此联想到了祭祀的精神内涵之所在。

在"钟鸣鼎食""子子孙孙永保用""藏礼于器"的宴享、册封、赏赐场合，那些过着富足生活的奴隶主贵族，也需要以美来装点衣食住行、政教礼仪的生活，商周青铜器成为他们精神生活对美的享受的外在形式和必需品。商周时期，虽然人类刚刚告别蒙昧时代进入文明的车道，但先民们已经继承而且发展了对美的向往和追求。人与动物的一大区别就是他有自己独特的创造美的能力，人类对艺术美有着发自内心地独特的感知，对美的感知是与生俱来的，虽然有时是无意识的，但却是本能的。

美术的"美"字，甲骨文写作"羊"，金文写作"羔"或"羔"，"羊"字有着和谐的对称形态与比例，"羔"字像一个头戴花冠的人像，说明到商周时期我们的先民已经对美有了一个较为明确地认识。古希腊毕得格拉斯学派认为"美是和谐与比例",东西文明达到了某种巧合,这种对称在青铜器雕饰上的运用无处不在,无论是兽头还是两两相对的凤鸟、象、龙,抑或是繁复的装饰纹样,都有着对称的布局构图,把对称与和谐比例发掘到了极致,这个时代的审美认为这样才是美的,否则不会一而再再而三不厌其烦地一件一件雕塑出无数计的青铜艺术品来。

商周青铜器的美也是非常功利的,青铜器的创造既要表现出对神灵的敬畏,又要表现出高人一等的权力欲望,雕塑强健的兽头,神秘的神兽,无不将人的思想引向一个残暴无情的社会特殊阶层所享有的特权,鲁迅先生说"社会人之看事物和现象,最初是从功利的观点考虑的,到后来才移到审美的观点去。在一切人类所以为美的东西,就在于它有用——为了生存而和自然以及别的社会人生的斗争上有着意义的东西",原始人类对事物的认识,首先是为生存的需要,具有极强的功利性,商周时期青铜器艺术出现在"庙堂之事"上成为祭祀政治的借助物,体现着奴隶主对自己权力的肯定,是功利性的,"藏礼于器"更是赤裸裸地将艺术品的外在形象转化为权力的内涵,也是功利性的,功力含隐于艺术的审美之上。

商周青铜器是艺术化了的人与神界交流的媒介,体现着先民们对神与神灵世界的理解。马克思、恩格斯指出"自然界起初是作为一种完全异己的,有无限威力的和不可制服的力量与人们对立的,人们同它的关系完全像动物同它的关系一样,人们就像牲畜一样服从它的权力",原始人类刚刚从蒙昧走向文明,自觉的意识促使之开始关注自己生活的这个世界,那些夺取他们之中很多人生命的林火、山洪、疾病肆虐无常,人们又无能为力,便对自然界产生了无限的好奇与神秘感,也伴生出了无助的恐惧感，由其无助和人类的生存本能，而选择了对神秘自然界的无奈的服从，促使人们幻想通过对这个神的世界的顺从，换取自身的生存以及对这种生存的眷顾和护佑，在原始时期的人类看来人的诞生更是一个无法破解的迷，能够创造人的自然力，是和大自然同样有着巨大威力的神秘力量，这种力量与自然界的破坏力又是不同的，而且与人有着息息相通的关系，人类一代一代的繁衍，造就了祖先的观念，而那第一任祖先是谁，他来自何方，没有人曾与之谋面，因此与自然界的巨大威力一样二者同样没有具体的外形相貌，来也无影去也无踪，在先民看来他们虽然有些许区别，但有一点是共同的，那就是神秘、诡异，又不可捉摸。

面对祖先与神灵威力所选择的顺从方式就是祭祀，商周青铜器勾画出的图景就是，先民们用最神圣的仪式、最好的牺牲、最精美的器具、甚至于人最宝贵的生命，来换取祖先神灵的悲悯与保佑，以求得心理的安慰。我国奴隶社会特别是商代，特别重视祭祀活动，所谓"殷人畏神，率民以事神，先鬼而后礼"，对自然界神灵，对已经死去的先祖都要进行反复祭祀，有时是对一位，有时是数人或十几个人和在一起举行合祭，到了商晚期甚至形成了一种周而复始极为频繁的"同祭"制度。遥不可及的祖先与神灵是存在于幻想与精神上的，而对祖先神灵的祭祀活动过程却是实在的，对他们的敬畏是通过具体物质的外在形象来传达的，这种外在形象还需有美的形式才能吸引人的注意。作为这一重大活动重要道具的青铜器，传达出的是一种诡异的美，这种诡异的美是不同凡响的，看来恐怖狰狞，大不同于自然现象，那在青铜器上贯穿始终的兽面，在自然界是找不出来的，但它又有自然界生物面部五官的构成，说它是牛头也好，是羊头也好，它使人的视觉将之于现实相对照而产生诡异感，那些夔龙怪兽更是人们真实的想象出来的立体造型，它们或一足或两头，奇形怪状，让人匪夷所思，在一些青铜器如觥和卣，雕塑所塑造的动物也非常诡异与另类，大部分觥以动物（更是神物）为主，造型完全是臆想出来的，各种似曾相识的动物部件互相结合，在错乱中产生诡异的外在形象。另一些如人面龙身盉，又塑造了一个人头龙身的奇特之物，它完全出乎了人们对现实世界的了解程度，诡异是不言而喻的。（图4-17）

图4-17　鸟兽纹觥　商

商周青铜器诡异的美不仅在外在的形象上，其所包含的暗喻也是诡异而神秘莫测的。纵观青铜器雕塑，兽面是哭是笑拟或是愤怒，形象几乎都看不出明显的感情色彩，只有沉静、沉寂与肃穆，兽头如此，人面也如此，人面方鼎上硕大的人面，表情不哭不笑不怒，他不恐怖也不可爱，他只是一个人面而已，但你又似乎能从形象上感觉到其内心深处微妙的变化，说不清也道不明，诡异感就产生了。还有遍布各类青铜器上的大兽面，不仅在外形上很怪异，而且也同样在表情上看不出来变化，它不是张牙舞爪的外露出狰狞愤怒，而是通过不可捉摸的沉静使人战栗，使人越想越怕，感到静静中将要爆发的威力，那些环眼尖喙的鸮鸟、奇形的龙大抵如此，还有吉祥的凤鸟，在人们印象中美丽的羽翅，从不张开示人，就那样仰面静静地站立着，寂静的氛围，单一的动态，甚至显出几分僵硬。商周青铜器之所以选择这些诡异的造型，引起人联想的诡异的表情，与先民们对神的神秘感的理解不谋而合，又在情理之中。首先它是人的保护神，是人类的创造者，它具有母性的慈爱与温柔的一面，但它又要像父亲一样惩罚错误与罪恶、对外来的侵害冷酷无情，是严厉的，它有嗜杀的一面，是不惮于血淋淋的杀戮的，由此而不难理解为什么那些青铜器上的雕饰都是一副诡异神秘的表情了，因为它可能随时变换面孔，只有在常态的静止中才能最大限度表现这种多变，所谓以不变应万变，所以猛虎怀中的人物才泰然自若，突出的兽头虽然睁圆了双目，却没有强烈的嗜人的动态，你只感到它在静静之中盯着你，只在诡异中有一股威力袭来。

  商周青铜器诡异的美，是汇集了伟大、雄壮、刚健、庄严、高尚、威慑而产生的综合体，它虽然使人感到一些恐惧、神秘、痛苦，但却产生出一种不可征服的崇高感，英国哲学家伯克说："任何东西只要以任何一种方式引起痛苦和危险的观念，就是说，任何东西只要它是可怕的，或者和可怕的对象有关，或者以类似恐怖的方式起作用，那就是崇高的来源。"商周青铜器雕塑的诡异直接指向了无法征服的，令人恐怖的神灵、祖先，是对神灵世界的诡异通过美的形式表达出来的最好的诠释。

五、商周青铜器雕塑艺术的成熟与发展

1. 商代早期的青铜器雕塑艺术——由陶到青铜

关于商周青铜器的分期,考古学家和历史学家在田野考古和青铜器铭辞学的基础上结合青铜器器形的雕饰纹样进行了大量的研究,通过某一时期的青铜器具有相对于其他时期的容易识别的某些方面的共同特征和要素进行分期,郭沫若和马承源先生的商周青铜器分期是主要的分期方法。郭沫若在1935年写出的《彝器形象学初探》一文中,对商周青铜器的器形、铭文、纹饰做了较全面的综合研究,他将青铜器的发展分为五个时期:

(1) 滥觞期,相当于殷商前期;

(2) 勃古期,殷商后期、周初至昭穆之世;

(3) 开放期,恭懿以后至春秋中叶;

(4) 新式期,春秋中叶至战国末年;

（5）衰落期，战国末叶以后。

1964年马承源先生在《上海博物馆藏青铜器》一书中，综合前代研究成果加以补充，进行了自己的分期：

（1）育成期，商代盘庚迁殷之前；

（2）鼎盛期，自殷商初期至西周昭王，青铜艺术的转变抽象期；

（3）转变期，西周穆王以后至春秋早期；

（4）更新期，春秋中期至战国、秦，青铜艺术的更新时期；

（5）青铜艺术的衰退，西汉时期。

其他还有几种分期法，但无出其右，从前面两种分期可以看出普遍偏重于器形、纹样和铭文，关于艺术的特点关注较少或者将青铜器的艺术风格与制造技法、器皿功能相混淆，分界含混。雕塑艺术是涉及造型、材料、技术等各个方面的立体而极为复杂的艺术形式，它与平面的绘画、纹饰装饰有着明显的区别。一个时期的雕塑艺术不但受到时代精神、审美趣味、社会因素的影响，也受到诸如造型内容、特殊材料、技术水平的影响，它的演变发展过程要综合多方面来界定，因此本书基于上述雕塑艺术的特点把青铜器雕塑置入历史分期和当时社会的大背景中，将其分为四个大的部分来进行分析。

首先，商早期的青铜器雕塑艺术是由陶器陶塑艺术向青铜雕塑艺术的过渡，时间相当于夏末商初，截止于盘庚迁殷。

其次，商代鼎盛时期的青铜器雕塑艺术。青铜器雕塑艺术的成熟昌盛期，时间由盘庚迁殷止于商纣亡国。

再者，西周时期的青铜器雕塑艺术。这一时期的青铜器雕塑艺术呈现出辉煌灿烂的景象，自身的艺术特点也很突出，时间起自武王灭商建都沣镐，止于周平王迁洛。

最后，东周、春秋战国的青铜器雕塑艺术。此时的青铜器雕塑铸造技法水平提高到了新的高度，新的青铜器造型频出，但气势逐渐衰落，时间自东周建立至战国末期。

这个分期，将雕塑艺术的发展与当时当代的重大历史时段相结合，兼顾了雕塑艺术与时代精神的结合，简明整体，一目了然，便于研究时代的变化对雕塑艺术的重大影响。

商代早期的青铜器艺术和我国古文明发展初期的陶器有着千丝万缕的联系，不仅是由泥到金属材料上的变换，而且在艺术造型上也存在着继承与发展的关系。

人类大约在 30 万年前从对自然生存环境的适应过程中掌握了火的运用，又经过了漫长的数十万年，在 1 万年前左右，知道了如何通过泥与火的操作结合来制作陶器，它标志着人类已进入了对火的广泛利用和熟食时代的到来，这是人类文明发展的一大飞跃。陶器艺术几乎是和陶器的发明相同步，人类本能的对美的需求使得早期的陶器就有了一些简单的造型。制陶工艺出现是新石器时代的标志之一，我国出土新石器时期陶器的重要遗址主要包括黄河上游的马家窑文化、中游的仰韶文化、下游的大汶口文化、龙山文化以及长江流域的大溪文化、屈家岭文化，江浙一带的河姆渡文化、良渚文化等。

陶器是为了适应与满足人类的生活需要而制作的，因而产生出不同用途不同造型的器物，如碗、盆、壶、罐等。而在适合于实用的同时，人们也不满足于单调的形式，塑造者结合对自然物象的观察体验，对这些实用的陶器进行了最初的造型设计，使之具有了基本的立体形态和一般的美的外观。但其对陶器美的修饰重点不在器物造型本身而更重在于器物表面的纹样装饰，以半坡类型和庙底沟类型为代表的仰韶文化和以马家窑类型、石岭下类型、半山类型、马厂类型为代表的马家窑文化，在其遗址中出土的陶器上都以矿物质颜料描绘有动物纹样和抽象的几何装饰纹样，这些装饰纹样对美化陶器的造型所起的作用是显而易见的，是器物装饰的雏形。

铜器的出现使用在我国新石器时代晚期，制作比较粗陋，但却标志着一种新的生产关系、新的技术水平、新材料的产生，在相当长的时间里，我国存在着一个铜陶并用的时期，直到夏代末期。由于对铜的开采与冶炼技术的提高，特别是"禹铸九鼎"使得铜器具有一定的象征性，铜自身的价值和文化价值提升到了一个前所未有的高度。商灭夏夺取了夏的政权"鼎迁于商"，铜的运用规模迅速扩大，尤其是夏商交替时期青铜的发明，为青铜器在商周两代的空前繁荣打下了基础。

铜的开采与青铜的冶炼是一个复杂的过程，需要大量的人力物力，商代的青铜器一开始就归为奴隶主贵族所使用和垄断，奴隶们是无权享用的，他们的日常生活仍然以使用陶器为主，因此商代青铜器无论是造型还是装饰都是以取悦和适应奴隶主需求为目的的，是为统治阶级服务的，具有特殊的政治功能。

由于年代久远，出土的属于夏代早期的青铜器实物很少。从几件夏代青铜器可以看出其造型比较简单，仍保留着一些陶器的气息，如20世纪80年代在河南偃师二里头出土的网格纹鼎，圆腹，三只细长带棱尖三角足，两半环状耳，与同期的陶器造型基本相同，圆腹是为了增加受热面积传热快，细长尖足便于腹下添加燃料，实用性是很强的。（图

5-1）同一地点出土的一件爵，造型与陶器极似，圆桶状器身，下也有三尖状足，有细长的流和把手，器壁很薄，造型外观似陶器般轻巧，流的造型很长，很随意，和器身的长短大小没有一定的和谐比例关系。商代早期的青铜器造型最初也继承了夏代的造型特点。随着青铜器地位的不断上升，对造型的要求也越来越高，加之手工业技术的改进，青铜的配比也越来越科学，铸造技术积累了更好更先进的实践经验，商代早期到盘庚迁殷，商代青铜器在造型雕饰艺术上呈现出跳跃式的发展，形成了这一时期的独有特色。

图 5-1　风格纹鼎　夏

历史进入商代以后，青铜器造型比之夏代突然丰富起来，器形在鼎、爵的基础上又增加了许多新造型，主要有鬲、斝、盉、尊、壶、盘、簋等，几乎囊括了商周时期青铜器的所有重要造型。但各类型的青铜器造型由于处于初创阶段，造型一般都比较简陋，还带有手工陶器制作比较随意的特点。如觚，造型简单粗壮，只是酒杯的造型而已；爵，仍沿用夏器的三尖锥形足，足与器身的比例略显矮短粗壮，流也长短不一，足的对称分布不十分均匀，只是起到支撑的作用，这种情况在随后出现的斝的造型上有所改观，美的形式初露端倪。这一时期的鼎和盉也不很规范，如鼎除了沿袭早期的圆腹之外，还出现了方鼎，四足，有矩形器身的，有方形器身的。圆鼎三足，足有尖锥状的，也有圆柱状的，比较混乱，说明这一时期的青铜器还处在发育成熟期。

商早期后半段新出现的青铜器器形则比较规范统一，器物制作精好，造型规整，充分考虑和显示了青铜的材质特点，艺术水平跨上了一个新的台阶。器形包括尊、斝、壶、盘，器物造型匀称，高宽比例适度，器体饱满，制作也很细致，如斝，宽宽的器身和三尖锥足的造型相结合，整器外部造型的三段式已经固定，高高的口沿柱和连接上下器身的把手，形成造型体积的丰富变化以及线条的相互对比，稳重大气又不失精致。尊则以整体浑圆饱满的体积，显示出造型艺术的美，敞大而外翻的圆口和小于口沿与器身的圈足，组合协调，彰显出尊贵、庄重的气质，造型与青铜的质感结合得非常完美。壶的造型则规范为细长颈，大而圆的腹，与尊、鼎相比有浓厚的生活情趣。

在我国雕塑艺术史上，陶塑艺术几乎是与古老的制陶工艺同步而产生的，尽管有的学者认为它与生殖崇拜有关，有的学者认为它是先民对立体的美的追求与欣赏的早期证据，但这些捏、刻、塑于陶器上与器物实用功能相结合的或单独立体塑造的形象，都是以雕塑艺术物质而实际的造型显示出来的，反映了从远古时期开始一直到奴隶制社会早期我国雕塑艺术的外在形态和独特魅力。

仰韶文化、马家窑文化及大汶口文化的陶塑作品根据残片可以看出有很多是陶器上的附属雕饰品，优秀的制作很多，如陕西洛南出土的人头形器口红陶壶，通高23厘米，壶口捏塑成微微昂头的小女孩头像，似乎是随意塑造的立体造型，外貌生动可爱，造型很完整也很准确。甘肃秦安大地湾出土的人头形器口彩陶瓶、陕西扶风出土的仰韶文化时期的浮雕陶塑人面、传出甘肃东乡今藏瑞典远东博物馆的马家窑文化半山类型人头形陶器盖，雕塑手法虽然原始，但也颇为富有情感，人物的面部五官特征掌握得恰到好处，表情生动耐人寻味，整体的雕塑造型独立而突出。

除了与陶器器物相结合的雕塑作品外，还有很多优秀的完全独立的陶塑艺术作品，如湖北天门出土的青龙泉三期文化时期的陶狗、猴、鸟，黑龙江江宁出土的陶塑小猪、狗、熊，对动物的造型形态刻画生动准确，对雕塑艺术的整体体积塑造手法运用非常娴熟。将器物的实用与动物造型相结合达到既实用又美观的目的，这样的陶塑在新石器时代也有很多发现，如陕西华县太平庄出土的仰韶文化庙底沟类型晚期的鸮型陶鼎，山东胶县三里河出土的大汶口文化晚期的猪形、狗形鬶，江苏吴江出土的良渚文化的水鸟形陶壶。

虽然我国原始时期就具有优秀的陶塑艺术传统，但在商早期的青铜器上却很少发现与陶塑艺术相当的此类青铜雕塑艺术作品，商周早期的青铜器可以称作或者运用雕塑艺术手法的实例很少，这似乎是一个奇怪的现象，难道是这一时期的青铜器塑造与铸造完全抛弃了业已形成的优秀传统？这可能和当时由于从陶到铜的转换在青铜器铸造技术上出现了暂时的还无法解决的问题有关，最有可能的就是制范模问题和青铜合金配比的问题。雕塑的造型远比一般的器物造型复杂，陶器的造型与陶塑只需用陶泥一次塑完定形即可，而青铜器雕塑需要铸造转换成青铜材料，必须经过制作范模的过程，而且是内范模、外范模都要进行严格精心的翻制。解决了范模问题，还要解决青铜材料的合金成分问题，因为纯铜的流动性较差，如果雕塑造型复杂而有很多的细节突出部，合金配比不好的铜液就不能很快很好到达那些地方从而产生浇铸不到的孔洞，所以就要按一定的比例在铜液中加铅、锡等金属，以增强流动性，增加浇铸青铜器的成功率。显然，造型越复杂范模的制作难度就会越高，对青铜的合金比例精度要求就高，如果陶塑上造型生动，体积多变的块面要翻制成阴模，拿去烧制成陶范，再行浇铸青铜就有许多技术问题要解决，如镂空、一些高而翻卷的突起。夏商早期的青铜器铸造，青铜的原料配比还在实践摸索之中，马承源先生在《中国青铜器》一书中详尽分析了各个时期的青铜器合金成分，通过抽样得出结论，属于二里头文化时期的青铜器成分配比含量极为不稳定，表明合金配比的知识仍处初级阶段，直到商代早期（二里冈期）青铜的合金配比才趋于合理一致。

在商早期青铜器上有很多证据可以证明这一时期的范模翻制有问题亟待解决。如鼎，尤其是体积较大的鼎，1974年河南郑州张寨南街出土的高1米的两件兽面纹方鼎，它的口沿上的两只耳，不是四面封严的而是一面敞开形成凹槽状，这可能就是因为既不想铸成实心费料加重重量又无法很好解决内范问题（内范无法取出）而产生的，相同的情况还有如湖北黄陂、河南郑州、山西平陆出土的兽面纹鼎（分别高58、73厘米）。

描绘装饰纹样使器物看上去既美观又有一定的象征性含义，在我国旧石器晚期就已出现。到新石器时代先民们除了满足于实用需要之外，对色彩、光泽、质感和各种造型的审美感受趋于成熟，仰韶文化和马家窑文化各类型的原始陶器上都有大量的彩绘图案出现。仰韶文化的纹样，可区分为数种类型，其中以半坡类型和庙地沟类型的彩陶艺术成就最为杰出，以西安半坡、临潼姜寨为代表的半坡类型。花纹多绘于陶器的口沿、器肩部、器腹上部等比较醒目的位置，或绘于敞口器物的内壁，花纹内容有三角、斜线、波折线等几何纹样和描绘动物的纹样图案。半坡的人面网纹、鱼纹，姜寨的蛙纹，宝鸡北首岭的水鸟衔鱼纹，都是这一图案的典型形式。而以石岭下、半山、马厂类型为重要代表的马家窑文化彩陶纹饰，花纹多为几何纹样的丰富变化，以漩涡纹、锯齿纹、网格纹、米字纹及变形人与鸟纹为主，构图简洁明朗，极富装饰的美。

同样的图案纹样装饰在这一时期的石器、玉器上也有表现，只不过不用笔，改用刀具来磨刻，内容主要有兽面纹和几何纹饰两种，如良渚文化和红山文化都出土了装饰刻工优异的大量玉琮、玉璧、玦、璜等。这些陶器、玉器、石器上的装饰纹样，已经形成了我国器物装饰造型的基本轮廓。李泽厚先生认为"占据新石器时代陶器的纹饰走廊的，并非动物纹样，而是抽象的几何纹，即各式各样的曲线、直线、水纹、漩涡纹、三角形、锯齿纹种种"，并且通过对比认为"这里还没有沉重、恐怖、神秘和紧张，而是生动、活泼、纯朴和天真，是一派生机勃勃，健康成长的童年气派"，对其整个装饰艺术风格的论断阐述是比较准确的。

彩陶上的装饰纹样反映到商周早期的青铜器装饰纹样上，主要表现是大多或以带状形式刻画在器肩与器腹上，或以粗大的单线条刻画于器腹上，这些青铜器如河南辉县出土的波状纹鼎、人字纹鬲、亘鬲、兽面纹斝、弦纹盉，河北藁城出土的连珠纹罍等。波折纹、网纹、漩涡纹这些简单的几何纹表明了商早期青铜器纹样雕饰是受到彩陶艺术影响的。

随着祭祀礼仪文化对审美的特殊要求和青铜器制作铸造技术的提高，商早期纹样在继承一部分彩陶几何纹样的同时，又形成了独具时代特色的龙纹、兽面纹、云雷纹，并逐渐成为商周青铜器雕饰艺术的主纹饰。兽面纹是青铜器的标志性纹样，这一时期稍早的兽面纹只是着重刻画突出的两眼珠与眼眶，如河南郑州出土的兽面纹爵。其后虽然雕饰向着繁复发展，也仅在突出两只硕大双目的同时，以几乎抽象的线条形式来刻画出兽面的面部，龙纹、云雷纹也都以抽象的线条为主，形成了商代早期青铜器装饰纹样的抽象装饰特色。（图5-2）

图5-2 兽面纹鼎 商

商代早期的青铜器雕饰纹样起初较多的是以突出于器面的阳刻线形式出现的，很明显它的制作方法是在范模未干时阴刻上去的，这种刻画比较简单，对范模没有特殊的要求，但要在阴形范模上做细致的刻画必须掌握阴阳形体转换的问题。比如，对称、刻线深浅的和谐，才能保证阴形范模翻制成青铜器后仍能美观，商早期一些以此种方式装饰的青铜器显然不够精细，所以线条形式显得粗陋，如单尊，这种情况后期有所改观，开始大量地在青铜器泥型塑造时就雕刻出所需的纹样来，这样便于掌握整体的纹样布局和比例，以及线条的粗细、深浅、转折，还可以反复修改。商早期青铜器纹样雕饰越来越精美细致，复杂的雕饰开始出现，如上海博物馆藏的一件兽面纹罍，以平面雕的形式在保持器形大面的基础上，采用阴刻剔底的手法，造成复杂阴阳线条和阴影的对比，兽面双目高而突出呈扁圆形，雕饰极其瑰丽，显现了雕塑艺术的独特完整形态和艺术魅力。

新石器时代陶塑艺术没有在商早期青铜器艺术上充分显现，并不能说明这一时期的雕塑艺术就成为空白，对具有平面绘画性质的线条的摒弃转而大量采用平面雕，就说明商代早期的纹样装饰已经发现，适于绘画表现的平面的线并不一定适宜于对青铜器的整体形体体积的突出。基于此认识逐渐出现了稍有体积起伏的类似于浮雕的雕饰，如出土于陕西城固的兽面纹罍、出土于安徽的龙虎尊等，青铜器上雕饰的大兽面与龙虎造型，已突出器表，与平面的云雷纹装饰形成层次反差，使青铜器产生了丰富的造型变化，很具有雕塑的美。（图5-3）

另外，商早期的青铜器整体造型也逐渐向富有体积感的雕塑美而发展，由于夏入商以来起初的青铜器造型只注重实用，造型比例，整体的

图 5-3　兽面纹罍　商

体积感不太讲究,因此有一些单薄,如爵、鼎。而此后出现的新器形,如鬲、觚、斝、尊、壶等,不仅突出了造型比例的优美,而且注重造型体积的美观,如壶的极富体积感的腹与细而长的颈,觚整体轮廓的双弧线及棱脊的出现,都使人感到青铜器体积的饱满圆浑,结构感也很强,从中已渐可以品味到雕塑的意味。

　　商早期的青铜器雕饰艺术虽然初期受到彩陶艺术的影响,但很快在艺术实践中找到了更好的艺术表现形式,那就是具有造型美和体积感的雕塑艺术的形式,虽然还不能完全说明这就是雕塑,但其已经显示出雕塑艺术的萌芽,事实证明,这株幼小萌芽在商周青铜器艺术的发展过程中越来越有生命力,直至开花结果,成为举世瞩目的商周青铜器雕塑艺术奇葩。

2. 商鼎盛时期的青铜器雕塑艺术
——雕塑形态的确立与繁荣

盘庚迁殷是商代政治经济生活一个大的转折点。我国东汉时期的天文学家和文学家张衡曾写过一篇《西京赋》，赋中写道"殷人屡迁，前八后五，居相圮耿，不常厥土"，指出自商的始祖契开始到商的建立灭亡，整整600年间，作为其政治、经济、文化中心的国都却有十三次迁徙的历史，前八是指契到汤十四代王的八次迁徙，迁徙的区域基本上是在今山东和河南境内的黄河两岸，汤灭夏建都于亳后，自商王中丁开始，河亶甲、祖乙、南庚至盘庚，平均二十年一次又有五次迁都的过程，五个国都分别是"傲"（今河南郑州附近）、"相"（河南黄县境内）、"邢"（河北邢台附近）、"奄"（山东曲阜境内），以及盘庚迁殷完成了商的最后一次迁都，"殷"现代考古已经证实在今河南安阳西北洹河之畔的小屯村周围。

盘庚是一位有才能、有远见的政治家，由其主持的商代最后一次的迁徙，使商摆脱了中衰的危机。盘庚迁殷后努力推行祖先成汤的德政，让百姓安心生产，休养生息，"殷道复兴，诸侯来朝"①，使得商朝"至纣之灭，二百七十三年，更不徙都"②。定都"殷"使经常处于动荡不

---

① 《史纪·殷本纪》。
② 《竹书纪年》。

安的商人第一次有了长期安宁稳定的生产和生活环境，有力地促进了商王朝社会和经济的发展，巩固了商王朝的政治统治。稳定的社会政治环境、经济的发展、精神文化生活的需求，促进了手工业水平的大幅度提高，为本有着优良传统的商代青铜器的勃兴客观上提供了极为有利和重要的条件。

从盘庚定都殷到商纣亡国，这一时期商代青铜器无论是器形、纹样和雕塑艺术都空前繁荣起来，具有显著的时代特色，首先出现了很多造型独特的新青铜器造型，主要有觚、卣、彝、瓿、角，这几种器形都与酒有关，觚、卣、彝是盛酒器，角是饮酒器，它们的功用为我们描绘了一幅奴隶主贵族过着奢华生活歌舞升平的景象。

商代这一时期出现的新器形酒器占了大部分，造型也很独特，其中最重要的就是方彝，青铜彝造型为方形，是酒器中重要的器具。方形的青铜器在商代早期的青铜器中是不多见的，仅在鼎上偶有出现，这一时期的彝，一经出现，造型就固定下来，少有改变，顶盖似屋顶，为整面装饰，四面四角都有棱脊，造型雕饰很华丽，著名的如殷墟妇好墓出土的妇好方彝和妇好偶方彝。妇好方彝高37厘米左右，在已发现的方彝中体形比较大，从口沿看剖面为矩形，整体分三部分，屋顶似的顶盖，方形的器身和方形内敛的圈足，三段造型比例非常协调，器盖和器身通体主雕饰为巨大的兽面，器盖上雕饰的兽面为角下吻上呈仰面，器身上为下大上小雕饰的两兽面，空挡中的浮雕有对称的夔龙和凤，底面刻画有云雷纹，在器盖的四周与四棱处有高高突起于器表面的方条形棱脊，强化了整体的方形线条轮廓，也丰富了造型的变化，使得整体具有俊健、挺拔的气势，这件方彝在造型和纹饰方面都堪称此种青铜器的代表。妇好偶方彝与妇好方彝同出土于殷墟五号墓（即妇好墓），此方彝与已出土常见的方彝不同，外表看上去似为两个方彝合并组成，根据这一特色郭沫若先生为其形象地命名为妇好偶方彝，偶即双也。此件方彝高60厘米，长88.2厘米，是已发现方彝中最大者，整体也分成三段，匠心独具之处在于屋顶似的器盖，在盖沿长边处塑造有似木椽的装饰，器身成半弧形内收，方形圈足微呈梯形且中心部切掉透空的一块，似有四足，立体造型变化多端，即瑰丽多姿又稳重大方，显出王家气派。这件方彝的雕塑形式运用也丰富多彩，很有特色，除了以每条器身中心棱脊为鼻脊的大兽面和鸮面外，最突出的是器盖上对称浅浮雕的凤鸟和两侧面半圆雕的象头，象头张口卷鼻，象鼻伸突出于器表面呈立体状态，五官其他部分以商代特色的装饰手法加以处理，仅此立体的半圆雕象头如需翻制范模，既要保证个体的完整，又要考虑脱模，说明商代鼎盛时期的青铜器雕塑在范模制作和浇铸技术上已经非常成熟。最具雕塑艺术特色的是器盖上的凤鸟雕饰，两只凤鸟隔着中心的鸮面对称而立，采用浅浮雕形式，体积进行了强力压缩，起物线非常薄，因此为了突出体积感而省略了大部分的细节，只突出凤身和长而拖地的长尾，造成清晰整体的浮雕轮廓线，在繁复的器物雕饰中形象一目了然，在一定光线下体积感很强烈，达到了极好的浮雕艺术效果，是优异的浅浮雕作品。

觥和卣也是商代鼎盛时期占据着重要地位的青铜器形，这一时期的卣似乎是由商早期青铜器中的壶演化而来的，区别在于卣与壶虽都有提梁，但卣腹膨大却无壶的细长颈，所以口沿比较敞阔，另一情况是卣有细长颈者提梁底端都在器腹中部，提力点靠下，比较稳重。卣虽然在这一时期才集中出现，器物造型形式却已多种多样，有外部为动物造型的卣，如虎食人卣、豕卣、鸮卣；有方形卣，如安阳出土现藏日本白鹤美术馆的兽面纹卣；有圆腹宽大无颈的卣，如安阳出土的鸟纹卣、雷纹卣、亚址卣；有圆腹长颈的卣，如安阳出土的册告卣、北单卣；有方腹长颈的卣，如安阳出土的兽面纹卣、现藏日本白鹤美术馆的亚矣卣，种类繁多。

觥作为青铜器中的酒器在这一时期一出现就显示出十分独特而神秘的造型艺术色彩，似器非器，造型特别。它的造型大致分两种。一种为似兽而非兽的雕塑器形，基本分上、中、下三部分，上部为器盖，造型是一神兽，中部为圆腹，带手柄，下部为圈足，雕塑感很强，雕饰也很华丽，著名的如安阳妇好墓出土的兽纹觥、大司空村出土的象首兽面纹觥。妇好墓出土的兽面纹觥，造型非常奇特，流的部分塑造成一只蹲踞的怪兽，四腿爪清晰可辨，手柄处为一只挺胸而立的鸮，二者结合其含义神秘莫测。象首兽面纹觥则在保留圆腹的基础上，将器盖塑造成长鼻回卷的大象头，形成雕塑造型与器物的完美结合。另一种觥的造型是直接将器体塑造成动物形，有牛、羊、豕等，器盖即为动物脊背，兽口即为流，有四足，是以完整的雕塑形态出现的，著名的有现藏日本藤田美术馆的羊觥、妇好墓出土的司母辛觥。

商周鼎盛时期的青铜器不唯有新造型的增加，而且旧的器形也出现了很多的变化，展现出新的塑造形式。造型变化最大的是觚和盉。商代早期的觚，粗短矮小，还谈不上优美的造型，仅仅是实用器而已，而商代鼎盛时期的觚，造型有很强的观赏性，体面上的雕饰不再是简单的环带式，素面面积减少，雕饰面积往往占到2/3以上，有的觚通体都施雕饰且加有棱脊，进一步又出现了方形觚，变化更为丰富，具有特色的如河南安阳出土的父已觚，亚址方觚，父已觚高56厘米，一改商周早期造型的粗短，拉长了器体，使之细长挺拔，形成")、("形的优美双弧线，口体部的细长蕉叶纹装饰和平均分割的通体棱脊，又突出了造型的修长感，浮雕形式的花纹装饰颇为抽象，富有图案美，整器塑造得亭亭玉立，富有女性化特征。（图5-4）亚址方觚整体为方形，见棱见角，四角和各面中部共计八条弧形棱脊，尤其是口体由蕉叶纹变化而来的棱脊，托起巨大的敞口，舒展大方，图案为抽象的兽面纹，整体俊朗，独树一帜。

图5-4　父己觚　商

盉的造型变化也比较大，商代早期的青铜盉为袋足有管状流口，造型变化不很丰富，还具有陶器的遗风，而商鼎盛时期的青铜盉则更讲究器物的立体造型美，雕塑也渐丰富瑰丽，如妇好盉，左、中、右三件大方盉及人面龙纹盉。妇好盉在基本造型上承袭商早期盉的形态，弧形顶，斜管状流，下体如鬲，分裆款足，空心銴，但改变了足的尖跟而塑造为低矮的柱形足，夸张了足袋，使之更对称更丰满，銴上雕塑着牛头，小口宽沿，颈部雕刻环带状抽象纹样，三袋足阴刻大兽面，以立体圆点突出大兽目，整体造型沉稳。（图5-5）

图5-5　妇好盉　商

人面龙纹盉是著名的具有商代鼎盛时期造型特点的青铜器，它保留了管状流而没有銴，器盖别具匠心地高浮雕为长角人面，足为圈足，器体上雕饰绕器一圈的龙身，强健的利爪与人面相结合，形象诡异，器身及流口处浅浮雕有凤纹龙纹、兽头，更增加了器物神秘感，这是一件造型极为特殊的青铜盉，也说明商代鼎盛时期的青铜器雕塑造型丰富而多变化。

将旧器形以方型面貌出现的青铜器也有很多,如安阳出土的兽面纹方罍、司眾母方壶、亚址方尊。方形青铜器造型的不断出现,显示出商代鼎盛时期青铜器雕塑对块面立体造型的认识进一步加深,也体现出对俊健挺拔美的审美喜好。

商代鼎盛时期青铜器在雕塑艺术方面的最显著特征,在于器形的雕塑感加强了,不但雕塑的内容大大丰富,而且出现了以动物立体雕塑为主的动物形器,出现了与之相对应的雕塑形式。

商代早期的青铜器造型更多是从实用性出发,且受陶器制作方法的影响较深,还未将造型与材质完美结合起来,特定材质所适合表现的造型形式还远未发挥出来,如早期的鬲、盉、觚等,外观造型仍取陶器的基本造型,可以看出鬲、盉的袋足仍承袭陶器的泥条盘筑法,觚仍似乎是在简单的转盘上旋塑而成,体积感偏弱,鬲、盉的三袋足之间,袋与器身之间比例关系粗率,外轮廓也不规整,觚的高宽比率和大口小口比较随意,谈不上对美感的重视,或可说是对美的欣赏仍在实用性的需求之下,雕塑感也就无从谈起。

商代鼎盛时期的青铜鬲、盉、觚注重追求美的造型并且达到了很高的制作水平,这一时期的鬲、盉,整器造型基本上分为三段式,矮短回收的束颈,肥大而饱满的袋形器腹和三柱形足,外观轮廓曲折丰富,器腹饱满外突富有雕塑体积的张力,在对称比例方面一丝不苟,加上精心雕饰的华丽花纹,观赏性极强。

觚的雕塑造型变化也很大,由矮短宽阔而向拉长窄细方面发展,双")、("轮廓曲线非常对称和均匀,口与器身的比律趋于一致,说明这时期无论从美的欣赏和工匠制作都已认可了这一造型比例，一直沿用下来，有的觚口是经过手工精细加工塑造的，一般的转轮制器不可能达到如此的艺术效果。

扁足鼎在商早期青铜器造型中已经出现，但造型也不十分考究。第一扁足与器身的长宽对比较为悬殊，要么器身过大，要么扁足过长。第二扁足与器身的衔接角度未尽合理，造型稳定感不强。第三扁足的造型变化少，多用整块扁刀状，无甚突出雕饰。而商鼎盛时期扁足鼎强化了雕塑立体感，其扁足与器身的对比比例日趋一致，或挺拔，或稳健，二者造型相得益彰。扁足与器身衔接的角度趋于一致，大多为近90度角，整器稳定。扁足的雕塑形象塑造加强，足尖的变化很多，还有将扁足塑造为各种动物造型的，如妇好鼎，整体观感稳重与秀丽并重。

商鼎盛时期青铜器雕塑感加强的另一个显著之处在于对方形造型的认识。方面线条直率，块面感强，宜于表现结构力量感和体积感，现代写实主义雕塑的造型方法在雕塑初期和塑造过程中就多以方块面观察表现雕塑的体积结构转折，使雕塑更富有立体感。这一时期方形青铜器的雕塑造型也是很突出的，如前提到的方卣、方盉、方尊、方罍。以亚址方罍、亚矣方卣为例，罍是商周青铜器酒器中体形甚为高大的一种，亚址方罍高44厘米左右，整体器身为方棱四面形，开口呈方形外翻，四足为三棱面的尖足，雕塑有兽头的口沿上的双柱也为棱面分明的方体，为了加强这种见棱见角的方体造型，器身和足都有方形棱脊，兽面及纹样的装饰以平面雕为主，整器线条劲力直挺，块面规整顺畅，块面与块面之间，线条与线条之间虽交错复杂，但却结构明显，造型具有结构美。特别值得注意的一个细节是：四足的三棱面交接触地处，原来应为尖跟，但却将通底的棱脊加宽加厚，变为方足跟，保持了方形结构的整体统一，可见对方形雕塑结构的追求是有意识而为之的。

卣多为圆腹圈足造型，方形的卣虽然少见却别具雕塑美感，亚矣方卣具有代表性，这件卣将圆腹改为四面立体的方型，将圈足也改为方圈足，但又不是简单地以圆变方而已，而是结合直线的特征，体形以高大为主，整器棱角清晰利落，提梁虽为圆弧形，但也分为棱面与器身合谐，在器腹的四个交棱两面各浮雕兽侧面，构思奇妙，即突出了方型的立体结构，又雕饰丰富，内容形式，雕塑感三者俱备。

棱脊和突出的小型雕塑附件对商鼎盛时期青铜器的雕塑感表现也起着很大作用。青铜器上装饰突起的棱脊在商早期青铜器造型上比较少见，而在鼎盛时期却是普遍现象，有学者认为棱脊大概源于范线（现代模具翻制在雕塑上形成的分块线称工作线）。在夏商早期的青铜器上经常可看到明显的范线印迹，虽经过打磨修整但仍很清晰，这是范块分模合范的产物。而商鼎盛时期的青铜器上就很少能看到明显的范线痕迹了，这一方面是范模制作技术的提高，另一方面是经验的积累使然和棱脊的出现，因为观察这一时期的青铜器塑造的棱脊，大都在器物的棱尖或形体高点上，分布也很对称，和合理的分范块模范线基本吻合。在范模翻制时把范线划分制作在形体高点上易于修饰打磨，这是模具翻制常识，可见这一时期已经熟练掌握了这个技术。但是无论它的来源起因如何，棱脊所起到的加强青铜器造型的结构感，强化器物的线条轮廓和丰富体积的起伏作用是肯定的。亚址方尊通体二十四条棱脊相互对称，在体积上形成层次变化，每面中心的棱脊处理也很有特色，将其作为兽面的鼻脊，使兽面突出具有立体感，这在商鼎盛时期青铜器塑造上是常用的手法。

在青铜器上塑造小的雕塑附件和将具有实用功能的青铜器附件加以雕塑装饰，在这一时期繁荣起来，这在早期青铜器上也是不常见的，这样的器物很多如旅盘、北单卣、亚址方尊、凤头斝等。北单卣将提梁雕塑成双头连体蛇，造型实用合二为一，提梁与器盖的连接钮又雕塑成一只生动可爱的伏蝉，器物的观赏性大大超过了实用性，仅仅作为一件陈设雕塑也是可圈可点的，同样的还有旅盘、凤头斝，斝作为饮酒器，通常口沿双柱上为伞盖形装饰，但这件凤头斝将其雕塑为两昂头挺立的凤，通过艺术化的雕塑造型赋予了青铜器高贵的气质。旅盘作为水器，本为盛水之用，为了增加观赏性和趣味性，在盘的口沿一圈雕塑了六只生动的水鸟，如鸣如戏，使普通的生活用器生意盎然，卓然有趣。

商代这一时期青铜器对雕塑美的感悟和追求，促使雕塑内容大大增加了。早期的青铜器雕饰内容较少，集中在兽面纹，龙虎等内容只是偶有出现，商代鼎盛期的雕饰内容则包罗万象，牛、羊、鹿、虎、猪、神兽、凤、鸮、龙、蛇、鱼、鸭、蝉等都有表现，这些现实中的动物本身所具有的造型体积、结构形态特征是雕塑艺术表现的极好素材，与此对照，商代早期平面抽象的几何纹如云雷纹，窃曲纹退到了次要的装饰地位，往往作为底面以刻划细线的方式起到陪衬作用。

丰富的素材需要与之相适应的雕塑艺术表现形式，商代鼎盛时期的雕塑手法也因内容的多种多样而丰富多彩。直接体现雕塑魅力的是大量的圆雕，典型的圆雕包括各种以动物为造型的青铜器，如湘南醴陵出土的象尊，（图5-6）湘潭出土的豕尊，河南安阳出土的妇好鸮尊、司母辛觥等，也包括青铜器上附属的圆雕兽头及小兽类，如河南安阳出土的旅盘、蟠龙纹盘口沿上的水鸟，亚址方尊肩部的象、鹿头像。这些圆雕

形象逼真生动，尤其作为器物造型的动物雕塑，塑造完整，已经几乎看不出它的实用性。（图5-7、图5-8）

图5-6　豕尊　商

图5-7　蟠龙纹盘　商

图5-8　旅盘　商

浮雕在这一时期被广泛使用，青铜器上几乎涉及了所有浮雕艺术形式，如高浮雕、浅浮雕、薄肉雕、平面雕等，属于高浮雕的如人面龙纹盉，对体面压缩浮雕起物线的艺术处理非常成熟到位。浅浮雕开始大量使用，成为这一时期青铜器雕塑艺术的重要特色，商早期青铜器的大量兽面纹，基本上都以线刻、平面雕完成，雕饰没有高于器身，以线条的繁复、抽象为主，只是兽目加高为圆点，醒目而突出。商鼎盛时期的兽面纹以浮雕的形式整体加厚高于器身，由于和器物造型结合的原因，多用浅浮雕，如旅盘内壁雕饰的鱼，鹿方鼎、牛方鼎器身上的鹿面和牛面，妇好钺上的双虎等，这些浮雕加强了青铜器的造型层次，使器身的轮廓和体积得到了极大的丰富，旧时的古董商人称这种雕饰为"三层花"加以重点收购，可见这一时期的青铜器看起来瑰丽多彩，具有很强的雕塑意味。

薄肉雕由于凸起高度小，既与器物造型融为一体，又不同于一般的平面雕线刻的工艺化和体积的简单化，在特定的光影照射下，能显示出一定的凹凸感，具有朦胧的美，薄肉雕比较多地表现小型动物，极好地体现出鸟、鱼、蝉等类小动物的轻盈、灵动感，如亚舟鼎、妇好鼎雕饰的蝉、兽面纹上的凤鸟。都是成功之用薄肉雕艺术形式的范例。

平面雕和线刻是商鼎盛时期青铜器雕刻中最普遍的雕塑手法。商早期的平面雕是利用塑造好的器物表面进行雕刻，纹样表面高点就是器物表面高点，这种雕饰还仅仅停留在装饰器物表面的性质上，虽然华丽但雕饰是为器物的实用性服务的，典型的如河南郑州出土的兽面纹壶、陕西城固出土的兽面纹罍、湖北黄陂出土的夔纹钺。（图5-9）商鼎盛时期的青铜器平面雕除了保持早期的风格之外，又出现了较为立体的平面雕，具体方法是先将器物塑造好后，再在器物表面上塑一层平面，可高可低，在这平面上进行雕饰，如河南安阳出土的右方彝、兽面纹钺、妇好瓿，都是以此方法塑造雕饰的。这种平面雕高出器物表面，形成的造型层次非常丰富，能产生变幻的光影立体效果，比早期的平面雕在艺术水平上前进了一大步。

图 5－9　夔纹钺　商

动物造型的青铜器在这一时期大量出现标志着青铜器雕塑艺术的成熟。以动物形态塑造的青铜器形式多种多样。第一种是半兽半器类，如各种造型的觥，顶盖部分为兽类造型，而下部器身为通常意义上的器腹和圈足，还可以明显看出器物的功用性。第二种是将动物的部分形体转换为器型主体，以圆雕浮雕相结合的方法，充分利用器物的造型而塑造的动物形青铜器，如河南安阳出土的妇好鸮卣、羊尊、四羊方尊。妇好鸮卣，自然地利用卣的圆腹造型为鸮腹，盖顶部塑造出尖尖的鸟啄，将圈足塑造为鸮足,在器腹上线刻出双翅,两只背靠背而立的鸮就栩栩而生了,这种动物造型的青铜器尚能看出器物的造型,但雕刻艺术的观赏性大大增加了。第三种动物形青铜器,即为完全意义上的雕塑形态。如在河南安阳出土的司母辛觥、鸮尊、小臣艅尊。这几件动物雕塑造型青铜器在功能上反其道而行之,将动物腹部形成的空腔作为器物的容器,重点在于塑造动物的形态、特征和体积结构。(图5-10)

图5-10 司母辛觥 商

这一时期出现的动物雕塑青铜器与同时期的玉雕、石雕相比较,在雕塑方法艺术风格上是一致的,相互之间有着紧密联系,它们之间有几个共同的重要特征。第一,注重动物动态特征的捕捉,鸮的机警、羊的温顺、牛的憨厚,都活灵活现,生动自然,如鸮尊塑造的形象,挺胸昂头,双爪扣地,双翅紧贴于身,尾羽下垂而紧缩,寓动于静。第二,动态比较单一,雕塑以静止动态为主,商代同一时期石雕、玉雕,无论是跪坐的玉人还是玉鸟、玉象,都呈对称的静止状态。商代这一时期的青铜器雕塑也基本上为稳定的静止形态,几乎所有塑造的动物都为四肢着地站立状，头颈部无动态，形体结构对称，如前所述的小臣艅尊、司母辛觥、鸮卣等，对称而静止的形体易于给人一种引而不发，凝重深沉而神秘的感觉。商代这一时期青铜器雕塑大都采用这种结构方式，看来不完全是为了器物的稳定，而和这时期社会风尚因素有关，静止的雕塑动态所带来的稳定感和威严感正符合了上层统治者的心理要求，证明了社会风尚时代精神对雕塑艺术的重要影响作用。第三，这一时期的雕塑艺术带有极强的装饰性。商周青铜器雕塑和其他材质雕塑的装饰性特点是有其渊源的，我国早期原始美术以彩陶为代表，是以线面的装饰构成结合为特点的，线与面组合形成的规律、对称的图案美也深刻地影响着商代的艺术，装饰所形成的华丽的美感，也是奴隶主贵族奢华生活的需求和反映。另外，商代青铜器的功能也影响并导致这种装饰性的泛滥，青铜器的造型和纹样内容是和祭祀、礼乐紧密相关的，为了营造神秘而与现实世界不同的迷幻气氛，采取装饰处理的手法是大有必要的，它可以使人通过这些经过处理的理想形式形成丰富的联想，装饰是这一时期雕塑艺术的重要表现手法和主导组成部分。

虽然商代鼎盛时期的青铜器雕塑多经过装饰化的艺术处理，但其整体雕饰与早期的装饰相比仍是趋于写实的。一个证据就是大量现实中动物形象内容的出现与早期抽象装饰纹样不同，现实中的动物有着丰富变化的体积动态结构。过度的装饰只会损害动物本身所原有的体积力量感和动态生动性，而适当的装饰处理却能既突出自然的动态体积结构又富有观赏性，这一时期的青铜器雕塑显然已经注意了这一艺术规律，并进行了合理运用如豕卣、鸮尊。相同的情况还出现在很多青铜器附属的小雕塑上，如亚址方尊、旅盘，这些雕塑形象基本上是写实的，豕、象、鸟动态特征、结构比例都很匀称,为了突出这种特征又加以装饰化处理,如亚址方尊肩部的象头,象鼻、象牙写实,而双耳造成回旋式,具有装饰形式感,旅盘口沿上的鸟,双翅雕饰为涡卷式线条,与写实的头部动态相呼应,豕卣突出了猪的长鼻大耳,在饱满的器体上雕饰着满铺云雷纹和窃曲纹,体积的塑造和装饰的华丽相得益彰。

另一个比较明显的写实性变化是作为青铜器主纹的兽面纹,早期的兽面纹以平面雕为主,常受器身造型的限制,因此多刻意在刻画线条上产生复杂的变化,形成抽象化的装饰纹样,这种形式往往要以突出的呈圆点状的兽目才能观察到兽面的整体形态,鼎盛时期的兽面纹雕饰产生了巨大的变化,多采用了浮雕的方式,兽面的五官结构清晰,如安阳出土的亚鱼鼎、亚貘尊等的大兽面,双目双角,鼻吻形成完整的兽面结构形象,体积突出变化,结构转折也趋明朗。

3. 西周时期的青铜器雕塑艺术——成熟的美

西周是指从武王灭商建都沣镐起至于犬戎攻破镐京幽王被杀这一时期,是我国奴隶制社会发展的顶峰。周立之初统治者鉴于商的亡因,吸取教训,大力缓和阶级矛盾,对原商朝统治区采用笼络和以商人治商的政策:一是"散鹿台之财,发巨桥之粟,以振贫弱萌隶"[①];二是"释箕子之囚""释百姓之囚""封比干之墓";三是允许殷人保有原来的土

---

① 《史记·周本纪》。

地和房屋等私有财产；四是封纣王之子武庚于殷，令修盘庚之政，从而使"殷民大悦"。随着各项统治政策和休养生息政策的完善，西周250年间，奴隶制社会的政治经济文化在一个相对稳定的时期内得以快速发展。

周人本习于耕作，随着"井田制"的快速全面推广，促进了新的农业技术的发展，农业产量大大提高了，以农业为代表的经济的强盛，刺激了手工业的昌盛，西周手工业的繁荣最重要的标志就是青铜铸造业的高速发展。

商代青铜铸造所取得的成就为西周的青铜铸造业打下了坚实的基础，西周时期的铸铜场所规模远远超过商代，洛阳北郊发现的西周铸铜遗址，面积为12万平方米，比商朝后期安阳苗甫铸铜遗址大十余倍。铸造技术也大大提高，如在制范模和铸造中大量使用一模翻制数范及掌握了多样的铸焊技术，从而生产效率优于商代，使西周成为继商以后我国青铜器雕塑艺术的又一个繁荣时期。

西周时期虽然掌握了先进的青铜器铸造技术，但从已发现的青铜器实物来看新器形并不多，大多是在商代已有的器形上加以改造和增加雕饰的繁杂程度来表现对青铜器的重新认识，仅簠、盨、匜是周人的创新。

簠是祭祀和宴飨时盛放稻、黍、粮等饭食的器具，《周礼·地官·舍人》曰："凡祭祀共簠簋。"郑玄注曰"方曰簠，圆曰簋，盛黍、稷、稻、粱器"。簠出现在西周早期，在西周末到春秋很流行，春秋以后消失。簠的基本造型为长方体，分上下对称两部分，有方圈足，比较典型而有造型特点的簠为上下两个梯形立方体相扣而成，下有近梯形圈足，如陕西扶风出土的伯公父簠、山东肥城出土的龙耳簠。

盨也是盛放黍、稷、稻等饭食品器具，它是由圈足簋变形而来的，基本造型为椭方型，敛口鼓腹，长边两沿有双耳，圈足有盖，如陕西扶风出土的伯多父盨、仲大师子盨。

商代的水器主要有盘、鉴、汲壶等，而匜是西周中后期出现并比较流行的水器，《左传》曰"奉匜沃盥"，意思即为执匜倒水用来洗手。匜的造型类似于觥的下半部，有流，后部有鋬，便于手握，有圈足也有柱足，如陕西蓝田出土的宗仲匜、山西闻喜出土的筍候匜，比较典型。

西周时期青铜酒器少食器受到重视。酒器的减少大概源于商人淫酒以致亡国的教训，周初统治者为了不重蹈覆辙，屡颁禁酒令，把禁酒列为立国的头等大事，如《尚书》中就特有一篇酒诰，言明聚众饮酒者要受到严厉惩罚，甚至杀头。西周酒器的减少虽然使青铜器的功用方面减少了丰富性，但这丝毫没影响饮食性青铜器造型艺术的蓬勃发展，大量出土的饮食器如鼎、簋、鬲、簠、盨，其艺术造诣是足以代表整个西周青铜器雕塑艺术状况的。

鼎、簋、鬲等都是发端于殷商的饮食器，西周时期仍在青铜器中占有很大的比例，与商代的同类青铜器造型比较，发生的变化主要在三个方面：其一，西周时期器物造型形成了多器形造型的融合，比较典型的是簋和鼎。商时期的簋是一个比较单一的造型，大致由鼓腹和圈足两部分组成，形似现代的碗，有的有双耳，而西周时比较典型的簋造型复杂，结构发生了重大的变化，如陕西临潼出土的利簋、岐山出土的天亡簋、凤翔出土的虎簋，它们共同的特点在于改变了殷商时期簋的两段式而成为三段式，造型上部两段大体和殷商时期的双耳簋相似，而下部圈足又和方禁连铸一起，使簋的高度骤然增高，形成一波三折的造型结构，使原来较为普通的盛饭器具增加了气势，造型更加稳重大气，造型的视觉冲击力也更强。西周时期还出现了带四柱足的簋，同样别具风格，这种簋吸收了鼎、鬲的柱足造型式样，圈足下铸成三足分裆式，如北京出土的西周早期的攸簋、伯簋，山东历城出土的西周晚期的兽伯大父簋，这种艺术造型的簋抬升了簋的高度，使得造型较为玲珑，下部柱足形成的空档造成了丰富的空间透视，结构秀美，是西周时期青铜器造型艺术的首创。其二，西周时期的青铜器喜好在造型上添加大量的附属雕饰，增加了欣赏性趣味性。在青铜器造型上雕饰大量的附属小型雕塑是西周青铜器有别于商代青铜器的一个显著变化，这种变化带有普遍性，几乎出现在各种酒器，如彝、尊、卣，饮食器，如鼎、簋之上。西周时期的青铜器造型已经不能满足殷商时期造型的规范与安稳感，改变这种情况通常的做法是在原有造型上增加具有装饰感的造型分支突出于器体，如簋的双耳下部加垂耳，在尊、彝的腹部两侧加造型奇特的鋬，或者在器物上加雕塑形态的小型附件，比较典型的如陕西扶风出土的四鸟扁足方鼎，刖人守门方鼎，天津市艺术博物馆藏太保方鼎，陕西长安出土的邓仲义尊等。太保方鼎造型奇特，其鼎足比一般的鼎高一倍，显得轻灵高挑，铸有面对面折角伏龙一对分别在双耳之上，使鼎的外轮廓复杂多变，更增加了造型的轻巧感，不复有殷商时期鼎的大气与凝重。（图5-11）邓仲义尊是西周中期的青铜器，这件动物造型的尊，造型完整饱满，在尊的头部、顶盖、尾部、胸部各塑造了一个龙形小雕塑，主次分明，在器形稳定庄重中融入了灵动感。其三，进入西周以后，青铜器造型及雕塑手法运用越来越频繁，除了在造型上更加讲究结构的变

图 5-11　太保方鼎　西周

化和外形的繁复,还在于将很多细节雕塑化,这主要表现在将本具有实用功能的錾、钮、提梁加以塑造,使之既具有实用性又具立体的观赏性,如上海博物馆藏聚鼎,陕西扶风出土的 簋、它盉、梁其壶,山东济阳出土的象鼻足方鼎,河南平顶山出土的鸭形盉,此类青铜器特别多,造型也颇为丰富。(图 5-12)

图 5-12　鸭形盉　西周

殷商时期青铜鼎的足大体只有柱足和扁足之分，塑造注重整体的完整，而西周时期出现的雕塑形态的鼎足则使周鼎更加风格化，聚鼎的凤鸟雕塑形足，虽然整体仍维持了扁足的特点，但从侧视看，凤鸟的五官、形体特征清晰生动，形体与鼎腹相较也很显高大，大有取代鼎器的主造型成为观赏中心之势，雕塑的形态是十分明显的。象鼻足方鼎则更加完美地将器物的实用与雕塑美结合起来，形成了独特的审美风格。这件鼎方口沿而下至足部，从器下腹中部起变换成四只饱满的象头，象鼻朝下呈回卷动态作为鼎足，造型生动，在商周青铜器造型中是极少见的。(图5－13) 其他的如彧簋的两耳塑造成昂首挺胸，雕塑华丽的凤鸟，它盉塑造为卧姿凤鸟的器盖和反首式立龙的鋬，梁其壶器颈两侧的变形象头耳环，鸭形盉连接器盖与器身的立人雕塑，都是具有这种特点的优异之作，不但显示了西周时期青铜器雕塑的高超艺术水平，还显示了青铜器雕塑对造型艺术生动性、趣味性的追求。

图 5－13　象鼻足方鼎　西周

五、商周青铜器雕塑艺术的成熟与发展

从历史的角度来看,西周代商只不过是一个奴隶头子取代了另一个奴隶头子的统治,阶级本性是一致的,然而商的灭亡又不能不为西周的统治者敲响了警钟,因此,西周建立后,虽然奴隶的命运仍掌握在奴隶主手中,但奴隶主与平民之间的矛盾有所缓和。西周初期即实行了分封制,分封制下放了一定的权力,但规定诸侯必须听从周王的领导,对违规者"一不朝见贬其爵,再不朝见削其土,三不朝见则六师移之"[①]。这些被分封的诸侯掌握着封国内的政治、军事、经济大权,在各自的地域内发展经济,共同促进了西周的鼎盛国力,使西周出现了"天下安宁,刑错四十余年不用"的成康盛世[②]。为了规范奴隶主贵族之间,奴隶主与平民之间的等级关系,进一步压迫广大的下层奴隶,西周时期确立了礼刑制度,礼之用在于维系贵族等级,消除其内部分歧,刑之用则是专为镇压广大奴隶。荀子说"礼者,贵贱有等,长幼有差,富贵轻重,皆有称者也"[③],礼乐制度反映了西周时代的文化特色,使整个社会与商奴隶主王室的绝对权力和巫术的神秘文化相结合的血腥统治比较更注重人与人之间的关系,关注人的情感感受。商代青铜器规范、冷峻、诡异而神秘,造型上器型轮廓线条劲力、规整,努力保持整器的独立性与完整性,显示出一种诡异和骇人的威严,而西周时期的青铜器造型从早期开始就有曲线化的趋势,柔美的审美感觉随之而来。

西周时期的青铜器外观造型结构追求"S"线的起伏转折,最多见的强化曲线的方法是将器物整体压扁而呈横向发展,如鬲、鼎和壶都使

---

① 《史记·周本纪》。
② 《史记·周本纪》。
③ 荀子《富国篇》。

用此种方法，现藏于美国旧金山亚洲艺术博物馆的公姞鬲，束颈平裆，宽平缘，整器宽大于高的长度，外形轮廓从器肩至器足呈夸张的 S 曲线，造型舒展优美，在商代青铜器造型中是前所未见的，这种通过压扁器形加强曲线感的青铜器比较多见的还有壶，如陕西扶风出土的几父壶、王伯姜壶，都是将下部的器腹压缩高度而使宽度相应增加，改变了商代青铜器鼓胀饱满的器腹造型，从而使造型曲线更加清晰，使之与很长的颈部形成对比，造型柔美秀丽。

方彝的变化也很有代表性，如河南洛阳出土的令方彝、陕西扶风出土的旂方彝。殷商的彝四面直立，体现出冷峻的立体结构感，而这两件西周时期方彝的中腹部不仅高度与器身几乎相等，而且四棱为内弧的曲线，器面外鼓，少了殷商方彝的冷峻，而迸发出和谐柔美的艺术旋律。

对造型曲线的追求不仅在器物的整体造型上大量出现，而且在一些青铜器的细节造型上也表现出来，如鼎、鬲等的足部造型和簋等青铜器的双耳造型。鼎是商周青铜器中体形较大、级别最高的礼器，为了突出鼎的威严和庄重，殷商时期的鼎大多造型很厚重，为了强化雄壮的体积感，结构转折很少，线条少有曲线，足部也不例外，以上下粗细一致的柱足和刀形扁足为主，而西周时期的大部分鼎足已经出现了明显的双弧线外轮廓，类似食草动物的兽蹄，使鼎的整体造型向生动和优美方面发展，许多著名的西周青铜器都具有此种造型特点，如史颂鼎、毛公鼎、多友鼎，以毛公鼎为例，整体器形为半球形，高高的双立耳，三足为蹄形足，足根部隆起，然后体积内收至足底部又向外扩展，形成喇叭口状，一起一伏，富有动感，对曲线的追求是非常显著的。西周青铜器中的鬲、甗、觚等器形及其足部造型都用相同的造型手法。

簋之双耳，盘、匜之鋬都是具有实用功能的附件，殷商时期对双耳和鋬虽然已有雕饰，但只是在其上加以雕饰兽头和纹样，其基本半环式造型未尝改变，而西周时期的簋之双耳及簋、匜等器物上的鋬，这些细节在丰富器物整体造型上起着重要的作用，如上海博物馆的佣生簋、齐侯匜，陕西长安出土的己簋，山东滕州出土的变形兽面纹盘。己簋的器物造型侈口鼓腹，圈足下连铸方禁，与西周时期流行的下铸方禁的簋造型基本相同，而这件簋的双耳塑造成立体的"S"形卷鼻象头，婉转的曲线与饱满的器物主体形成鲜明对比，两者衔接自然，增加了器物韵律感。齐候匜的鋬也以"S"形曲线加以塑造，雕塑做龙形，俯首而曲体，尾部回卷，头部面向匜体，口衔器沿，似做探水状，形象生动，此龙造型动态雄健秀美，与器物结合自然和谐，又富有一定的喻义。

婉转的弧线与劲直的直线相比，运动感比较强，能够体现造型的节奏，曲线更生动而富有趣味装饰性，西周青铜器对曲线的喜好反映在青铜器雕塑的方方面面，装饰纹样因其使用的面积大范围广，自然会受到这种审美趣味的影响。

首先这一时期出现了几种以曲线为造型主干元素的新纹样，波曲纹和交缠纹就是西周青铜器最有特色的两种以曲线为造型元素的装饰纹样。波曲纹顾名思义是呈连续不断的波浪状上下起伏的曲线装饰，这种波曲纹在西周中后期大量出现在青铜器雕塑上，如著名的几父壶、虎簋、史颂鼎、大克鼎，都是以波曲纹作为主体纹样，大克鼎在器腹雕塑有非常宽大的波曲纹，为了取得装饰变化，上下曲线的中部又形成一阶梯状转折，在波曲纹的空档中雕塑着品字形的曲折纹，上下左右呼应，形式瑰丽，波曲呈带状环绕器腹一周，与塑造厚重的器体造型相结合，更突出了整器的雄伟大气。以波曲纹为主纹样雕塑的虎簋、器盖、器身、连铸的方禁上，分三层雕饰着宽大带状的波曲纹，三条波曲纹的疏密有别，器盖上的纹样舒散一些，而方禁上的紧凑，加之以浮雕的形式塑造，整器虽然只有34厘米，但宏伟壮丽，饱满大气，装饰效果非常浓烈。

与波曲纹的二方连续式装饰不同，交缠纹往往单独装饰器物的一面，以曲线的相互穿插叠压形成丰富的结构层次，有单独纹样的装饰特点，典型的如颂壶、安徽屯溪出土的公卣。颂壶的交缠纹以双体龙纹为主体，龙体曲折变化，婉转扭动，龙头正面又雕饰有曲线装饰与龙身交缠在一起，曲线之间疏密合理层次有致。公卣则以双凤为雕饰主体，凤头回顾，头上的抽象长翎相互交缠在一起，与同样抽象化的翅与尾羽形成相互反转的弧线，华丽而优美的装饰风格令人难忘。

除了具有一定格式化的曲线装饰外，西周青铜器上的纹样雕饰是非常丰富的，这些散布于青铜器上的纹样对曲线的追求也是无处不在的。凤与兽面是青铜器延续始终的主要雕纹样式，它们与殷商时期的雕饰风格比较发生的变化非常有代表性，殷商时期的兽面纹在雕饰刻画时，以方为主，棱角转折分明，目大而圆鼓，眉和角微耸立，口角上翘，呈现出劲利、冷峻、严肃的艺术风格，而西周时期的兽面尽管从表面上看与殷商的造型五官结构并无不同，神秘、诡异的意味犹在，但造型的凝重、严厉感稍逊于前，双目逐渐演化为椭方，双眉双角细而平，大量使用曲线代替转角分明的直线造型是一个重要特点。从陕西扶风出土的日已方尊、日已方彝可以看出这一显著的造型风格变化。日已方尊和日已方彝都在器腹的四面浮雕有硕大的兽面，因是同一套器具所以兽面的结构造型大体相同,双目为椭方形,刻短槽为睛,平眉,口唇平阔,大量地运用曲线塑造刻画形体,双角已经完全没有殷商时期兽面的硬角转折,而是呈细长的涡卷形,鼻梁粗短,鼻翼也呈卷曲状,口吻的转角处反卷回收,整个造型结构以回旋曲线为主,形体柔和,殷商时期兽面纹的硬朗而逼人气势大为减弱。

相比较而言,凤鸟的造型本身就有华丽秀美的特点,这一时期的凤鸟纹由于曲线的增多而焕发出更加瑰丽的色彩。与殷商时期的凤纹对比,殷商凤纹整体比例较粗短,线条短促而整体,西周的凤纹拉长了造型线条,有时这种拉长的曲线大大超过了头与身的比例,显得非常舒展俏丽。为了加强曲线的变化,又往往在凤纹上刻画有多条平行的曲线,末端刻画成回旋式的勾曲,如效卣、孟簋等装饰的凤纹样式,密不透风的反转旋转曲线,循环往复,装饰感是极其华丽和突出的,有的还将翎羽、尾翅勾画成相互交缠的圆圈状,相互参差,形成一定比例的空档,又有疏与密的对比,如公卣。(图5-14)

图5-14 公卣 西周

西周时期的青铜器雕塑用以曲改直的手法形成了本身的整体艺术特色，在这个前提下又具有两种风格发展倾向：一为写实化，二为装饰化。写实化是雕塑尽量模拟现实中的自然形象结构动态体积，通过生动逼真的形象反映生活化的自然的美，这种情况多见于以动物为主体造型的青铜器雕塑和青铜器上的附件雕塑，如陕西眉县出土的驹尊、陕西宝鸡出土的鱼形尊、湖北江陵出土的虎形尊、山西曲沃出土的兔形尊以及陕西宝鸡出土的伯各卣、伯簋等。动物形青铜器雕塑在殷商后期虽也呈写实趋势，但其各种动物造型虽然五官结构特征比较明显，但在塑造时造型经过了艺术装饰化的处理，线条挺阔顺达，很多生动的结构动态细节都被淡化了。而西周时期的此类青铜器雕塑，在殷商的写意基础上更进了一步，都极尽写实性，造型比例结构符合一定的解剖，一如自然状态下活生生的生命形象。著名的驹尊，在形象上抓住了动物的整体特征，在结构细节上腿的关节、蹄的造型，马头的骨骼关系都有很准确的塑造，耸立而富有质感的双耳，圆而突出的双目，充满呼吸感的鼻翼，虽然仍是保持着普通的四肢着地式站立姿势，但给人以活生生的生命感。（图5－15）山西曲沃出土的两件青铜器兔形尊，不但准确地刻画、塑造了兔子的五官动态结构，体积也很饱满，着意选取了兔子爬伏于地愈奔愈逃的动态，四肢扒地，双耳贴身，双目直视前方，兔子机警灵敏的特性跃然而生，外在的造型写实与内在的本质特性相统一，在西周青铜器雕塑中是非常具有代表性的。（图5－16）

随着动物尤其是家畜、家禽在人们生活中与人的关系越来越密切，通过细致的观察是很容易用雕塑形式来表现的，牛、羊、虎、象等是这一时期青铜器雕塑表现最多的动物，如伯各卣提梁两端圆雕的羊头，伯

五、商周青铜器雕塑艺术的成熟与发展 | 159

图 5-15　驹尊　西周

图 5-16　兔形尊　西周

簋双耳雕饰的牛头、虎头，已经完全脱离了殷商时期四羊方尊、双羊尊、龙虎尊对牛和羊等的装饰化处理，牛、羊高高的鼻梁骨和眉弓骨结构紧凑符合解剖，羊角、牛角也不再刻意地装饰化地旋转扭曲，而是以实际的造型比例进行刻画塑造，殷商雕塑装饰化的阴刻线也消失了，更接近于自然的形态，富有浓郁的生活化趣味。（图 5-17）

图 5-17　伯各卣　西周

西周青铜器在祭祀方面的功能逐渐减弱，大量的青铜器是在宴飨中增加气氛显示身份的，不再塑造凝重、肃穆、严厉的艺术形象来产生恐怖震迫感，而是通过生动美好的装饰增加与人的亲近感。因此，观赏性装饰性逐渐突出出来，形成西周时期青铜器纹样雕饰的主旋律。上面讲到的各种曲线纹饰的发展是一个方面，而各种凤纹、兽面纹的装饰化变化也是很明显的，康候丰方鼎、匽侯旨鼎、小臣艅尊上雕塑的大兽面纹已经几乎看不出兽面的整体形象，展现的是将兽面的结构元素如双目、双角进行夸张和散状结合，各元素之间关系疏离，在保持对称的前提下各自随着构图的变化需要可长可短，创造了新的兽面纹装饰形态。

凤纹方鼎、吕王鬲、纪候簋都雕塑有大面积的凤纹图案，与兽面纹的装饰手法相同，甚至更抽象装饰化，如凤纹方鼎与吕王鬲的凤纹只保留了头部的圆目与尖啄，前者身躯变化为极抽象装饰纹，后者将身躯抽象变化为多条平行曲转的宽带，虽然实际形象已远离早期凤鸟的形态，但增加了装饰的华丽程度，图案清新明丽。这种抽象雕塑的滥觞，以在这一时期中后期青铜器上出现了涡卷纹雕饰达到极致。

西周末期，奴隶主统治集团内部矛盾、奴隶主与平民奴隶的矛盾不断激化，各地方封国势力逐渐强盛，以巫术宗教方式来维持奴隶主统治的方式遇到了挑战，殷商那种青铜器铸造使用主要是以祭祀为目的情况在西周发生了很大的变化，渐趋走入人的现实生活中，反映到西周青铜器上就是生活化的倾向，既为生活化，都是以悦人耳目为目的，更令人能容易接受，青铜器雕塑的写实性和装饰性，真实地反映了这一社会要求。

由于西周后期青铜器的制作比较分散，统一的铸造规范被打破与技术水平的不同使制作稍显粗率，但整个西周青铜器雕塑艺术仍保持着旺盛的生命力，无论在造型与装饰艺术，总体呈现出庄重、大气、瑰丽、诡异的色彩，反映了西周奴隶制社会时期的时代精神和审美趣味，在中国古代雕塑艺术中有着重要的地位。

4. 商周后期的青铜器雕塑艺术——日暮西山

西周后期，奴隶主专治的统治政体开始出现危机，统治阶级对内通过宗法制度、礼刑制度更加穷奢极欲地压迫广大平民及奴隶，对外发动了一系列的征伐战争，引发了社会动荡。公元前841年，最大的奴隶主头子周历王被"国人暴动"赶出了皇宫，沉重地打击了西周王朝的统治。昏庸残暴的周幽王宫涅时，西周王朝走到了尽头。这一时期最显著的变化一方面大量原依附于奴隶贵族的工匠奴隶由于不堪忍受残酷的压迫和对礼制束缚的痛恨大量逃亡，以成为新的"自由民"，扩大了平民阶层，另一方面新兴的诸侯卿大夫势力逐渐强盛起来，权力日盛的分封诸侯国之间相互倾轧，觊觎霸主地位，使周天子的王室势力范围不但在缩小，而且在实质上已处于日益孤立的地位。例如，据《春秋》记载，在242年间作为诸侯封国的鲁国国王亲自去朝贡周王只有三次。礼制在贵族之间已经不能得到正确的贯彻实行，整个社会呈现出所谓"礼崩乐坏"的局面，周幽王烽火戏诸侯而被入侵的犬戎所杀，表面上看是王的可耻与悲哀，实际上是诸侯国势力逐渐强大而王室政权日渐衰落各种社会矛盾最终激化的结果。这种矛盾的激化展现的是我国奴隶制向封建制过渡的一个大变革时代，在这个时代"保留有大量原始社会体制结构的早期宗法制走向衰亡，王商贵族和以政刑成文法典为标志的新兴势力、体制和变法运动代之而兴。……怀疑论、无神论思潮在春秋已蔚为风气，殷周以来的远古巫术宗教传统在迅速褪色"[①]。

公元前770年，周幽王死后，申候拥立太子宜臼为平王并迁都雒邑（今洛阳），史称东周，前后共历二十五王，五百一十四年。这一时期的社会风气一方面由于宗法制、礼乐制度的解体，人与人之间的关系得到一定程度的改善，个性思维开始发端，社会政治、文化、经济的改革势在必行，精神得到了解放，另一方面巫术宗教理论遭到怀疑，促进了

---

① 李泽厚：《美的历程》，天津社会科学出版社2001年版。

思想的解放，认为"阴阳之事，非吉凶所生也，祸福无门，惟人所召"①，人们的目光从遥远的神界逐渐反观现实的生活，审美不再仅为幻想中的神祇而服务，现实美的享受成为一种趋势。在殷商和西周时期作为政权和神权象征物来威吓广大奴隶的青铜器无可逆转地受到新时代风气的左右，在造型、纹饰、艺术风格、独特的审美趣味等方面都大为改观，塑造出崭新的时代气象和艺术魅力。

新的社会时代风气表现在春秋战国时代青铜器种类上十分明显，斝、角、觯、觚、爵、方彝、觥、卣、簋、尊、盉等在商西周时期占据着青铜器显赫地位，雕饰华丽实际使用起来极不方便的青铜器类型在春秋战国时期逐渐减少。作为祭祀活动神权象征的礼器已经完成了时代赋予的特殊使命，取而代之的是各种对于现实生活有使用价值的青铜器类型。商西周时期的青铜器水器匜、盘、鉴更适合在盛大的宴享娱乐活动中使用，因此，其在春秋战国时代青铜器中占有很大的比例，用于娱乐享受悦人耳目的乐器，钟、铙、镈、铎等在这一时期强力发展，铸造技术、科技含量、装饰雕塑艺术达到了高超的水平。

春秋战国时期手工业经济发展的一个重要表现是冶铁技术的进步和随之而来的铁器使用。春秋初期，齐国即以"'美金'铸剑戟，以恶金铸鉏镞"②，所谓"美金"即青铜，"恶金"即铁，青铜作为具有特殊权力含义的尊贵地位有所下降，向一种普通金属演变，因此春秋战国时期青铜器的功能、造型都有所增加，举凡建筑构件，普通的生活用品如

---

① 《左传》僖公十六年。
② 《国语·齐语》。

灯具、玩具、车马器，都大量使用青铜来铸造，这些所谓的杂器成为除青铜礼器、祭器外，春秋战国青铜器一个重要的组成门类，使青铜器的造型更生活化，与现实生活产生了密切的联系。

春秋战国时期乐器的铸造大量出现，最能体现现实生活对青铜器的需求，由于其是特殊的实用青铜器，造型结构自商西周以来比较规范，不可能有较大的变化，但这一时期青铜钟、铙、镈的数量增多，制作也很精良。如1978年湖北随州战国早期曾侯乙墓出土的罕见的大型编钟，共八组65枚，分三层悬挂在钟架上，其中最大的一件甬钟通体高达153.4厘米，重达203.6公斤，形体和重量在编钟中都是空前的，这套编钟音域宽广，音色优美，能演奏采用和声复调以及转调手法的乐曲，可以想见奴隶主贵族生活的奢华场面。

鼎在商周时期始终是重要的青铜器造型，在这一时期有很大的改变，铸造的数量也多，造型体积也高大，但如果从其本身所具有的功能来看，仍是以具有实用价值为主的，这在许多鼎的铭文中已有表述，诸如纪念祖功、作为陪嫁，不一而足。严肃庄重的政治意味开始淡化。加之春秋时期礼崩乐坏，鼎的铸造常常不在国家政权的控制之下，使用范围更多的是出现在"钟鸣鼎食"的宴乐环境中。

春秋时期出现的新青铜器造型比较重要的是敦，它的基本造型分盖与器身两部分，两者上下相合，整体为圆形或卵形，有足或无足，也是作为盛放饭食的器具，它一出现，就以矮短的足和特大的容量显示出利于实用的一面，在整个春秋战国时代非常流行。

随实用功能性的主导，春秋战国青铜器的造型首先考虑到容量和使用问题，这一时期的青铜器造型象鼎、壶、尊、盘、簋、盉，普遍向矮扁横向方面发展。如湖南湘潭出土的几何纹鼎、陕西出土的蟠蛇纹鼎、河南淅川出土的克黄鼎、广东肇庆出土的错银鸟纹壶、湖北荆门出土的龙纹壶,"台北故宫博物馆"藏的庚壶、江苏丹阳出土的凤纹尊、安徽南陵出土的龙耳尊,等等,这些在商及西周时期造型比较高大挺拔的青铜器,在这一时期都较低矮平阔,器宽大于器高。如蟠蛇纹鼎,器的宽度几乎是高度的三倍,形成狭长宽扁的造型,在功能上更利于加热和拿取食物,耳、足与器身的整体造型就不太考究。壶与尊也有相似的变化,庚壶系春秋中期的青铜器,已经没有了西周时期高而拔挺有力的长颈,器腹急剧彭大,实际的容量超过了商西周时期,形成大腹便便的造型体态。

作为造型艺术的青铜器,春秋战国时代考虑到了实用,在制作艺术风格上也体现了时代审美的需求,从出土的青铜器来看,这种审美风格是纤细的柔和的,表现在青铜器造型上则是纤巧细弱,具有清丽的美,甘肃礼县出土的秦公簋,造型虽然一如商、西周但整体的轮廓线条已经没有彼时一气呵成的感觉,线条几经曲折,细碎而时断时续,雕塑上细节精细,局部刻画很精到,气势则大不如前。簋在春秋战国时期很流行,数量很大,西周时期的此类青铜器块面整体饱满大气,而这一时期的造型梯形面的夹角变小而尖,器体变扁平,口沿与圈足也相应回收,加之附铸的纤细耳环,也给人以清新雅丽之感。春秋战国时期的鼎,呈现出同样的艺术风格。河南淅川出土的蟠蛇纹鼎,半圆腹,有器盖,器造型圆润素面,三只鼎足和两足鼎耳塑造成半圆弧形外翻,尤其三足弧形夸张更甚富有柔软感和弹性,整体以弧形线条结合为主,器盖上有纤细的圆环加深了整体的纤巧。另一件比较典型的是安徽寿县出土的蔡候鼎,此鼎在外观上看虽然造型敦实厚重,但修长纤细的造型线条仍随处可见,器腹回收形成的双弧线,三鼎足足根部内收形成曲折线,特别是长而呈弧形外翻的双耳与装饰在器腹的细小扉棱云纹,无不显现出俊俏、纤弱的造型风格,此鼎出土于蔡候墓一共7件,依次略小,从墓主身份和形制看,是作为代表权力地位的重要青铜器铸造的,因此这种风格在春秋时期是具有代表性的。(图5-18)

图5-18 蔡候鼎 春秋晚期

与春秋战国青铜器造型纤弱优雅相匹配的是反映这一时期审美趣味、纹样雕饰艺术的繁缛华丽,纤小尖细。与商西周时期青铜器雕塑艺术不同,这一时期的雕饰不再是为突出某种特定的内涵,以增加青铜器的气度,而仅成为青铜器除造型之外重要的器表装饰手段,雕饰完全服从于青铜器的整体造型,纹样多以平面雕细刻于器身,适于近看而不利远观。雕饰本身的内在寓意退到次要的位置,使得商、西周时各种厚重的圆雕，具有丰富层面关系的浮雕的运用在这一时期被缜密、纤小、图案装饰化的雕塑艺术所代替。

由于追求细密精致的装饰美，商、西周时期作为主纹的凤纹、兽面纹几乎消失了，形体矫健、粗壮有力的龙纹雕饰也不复存在，它们在春秋时期的纹样中已被改造成纤细，追求往复曲线交缠、穿插的图案，各种装饰纹样以其本身的规整、装饰化，成为这一时期青铜器雕饰的主角。河北怀来出土的交龙纹壶和山东莒县出土的龙纹鼎，其上浅浮雕和平面雕的龙纹仍基本可以看出商西周时期龙纹的特征，整体形态也还比较完整。而江苏丹徒出土的一件鸟盖变形兽纹壶，以及安徽怀宁出土的交龙纹匜上的龙纹，则仅保留了作为龙身的曲折线条和线条的交错所产生的图案形式。（图 5-19）山东滕县出土的一件兽伯愈父鬲，其器袋足上平面雕的大兽面纹虽然已经抽象装饰化，尚可看出兽面的五官。但湖南宁乡出土的变形兽面纹铙，已经变为纯抽象线条的组合，只勾勒兽面几条主结构线。而浙江长兴出土的云纹铙，进一步深化了这种抽象形式，其上对称排列十层云纹图案，整齐划一，隔层又以圆点突起和反向云纹取得变化，内中仍保留着兽面纹的因素，但装饰意味繁复瑰丽令人眩目。

图 5-19　交龙纹匜　春秋中期

几何纹也是这一时期经常出现的雕饰纹样，这似乎是一个返祖现象。纹样形成规矩和无限重复形式，能够取得极为规范有致而细致精巧的形式美，安徽屯溪出土的几何纹簋，整器通身雕饰，其器腹以曲折的矩形几何纹为装饰，加以阳刻的横向竖向线条，横竖线条的不断交叉反复，形成光影的明暗变化，线条粗细和点状突起的运用，相互结合，取得了极好的装饰效果。

讲求规律、对称比例关系的雕饰虽然能够体现出一种图案化的美，但也容易变得刻板与平庸。战国时期的一些青铜器雕饰图案，虽然精巧但了无生气，陷入了精工细作的误区，毫无个性可言了。难得的是，统治了商周千多年的对称纹饰格局在春秋战国青铜器纹样装饰中有所打破，显现出清新生动活泼随意的风格。如湖南衡阳出土的蛇纹尊、蛇纹卣，整器表面满铺雕饰细小密集的龙纹，间以曲折的线条和抽象几何纹，龙纹的分布毫无规律，互相斜插填空，呈散状分布，曲线装饰线或作为平均区分图案的间隔，或仅是为了丰富图案所做的装饰，变化多端而自由。这种打破对称格局的装饰手段，发端于春秋晚期，虽然只是春秋战国时期青铜器雕饰手法百花园中之一枝，但它影响是深远的，显示了青铜器雕塑艺术对传统装饰图案在本质上的改变，这种变化的进一步演变，使得我国古代艺术由注重装饰而向表现生活化的艺术演进，河南洛阳出土的狩猎纹壶上的雕饰，以连环画式的构图对现实生活场景进行了生动的表现，就是这种自然化、绘画性艺术影响的结果。（图 5-20）

春秋战国时期的青铜器雕塑艺术，仍然继承着商、西周时期器物造型与雕塑艺术相结合的传统，但在雕塑造型与雕塑手法上有了很多明显的变化。在器物表面的雕饰上，承袭了西周以来以曲线造型的传统，雕

图 5-20　蛇纹卣　春秋

塑非常细腻、精致，如江苏丹徒出土的云纹鼎、安徽寿县出土的吴王光鉴、安徽屯溪出土的蛙纹尊，细而密的装饰花纹雕饰都以一个标准的基本装饰元素无限重复排列，呈带状分多层布满器身，远观产生特殊的肌理，形成一种新式的装饰效果。云纹鼎的图案雕饰是在器物表面上以多层的带状分布进行平面雕，细小缜密的云纹在器腹上不断重复，共14层，远观几乎看不出雕饰的图案。蛙纹鼎是以线刻的方法造成细密的装饰线，线条都呈阳线突起，制作方法是在作为阴模的陶范模上刻画阴线条，铸成青铜器后自然呈现出阳线状态，制作手法虽比直接在器物表面进行平面雕刻简便，但产生的密密麻麻的光点阴影效果，与利用平面雕制作出的效果是一致的。湖北随州发掘的曾侯乙墓，墓中出土的大量青铜器，是这种细密精巧雕饰风格发展的顶峰，其中的一件曾侯乙盘高41.6厘米，由尊、盘两件器物组成，可以分开放置，与其他青铜器不同,这组尊、盘在口沿处以透雕的方法层叠雕饰着蟠螭纹,相互翻卷的雕饰极细小而且上下左右相互连铸,形成大量的透气空洞,烦琐细密的艺术效果令人叹为观止。

春秋战国青铜器附件小型雕塑仍大量使用,但摒弃了商周以来写实的雕刻手法,以线面的结合变化为主,转而形成了装饰雕塑艺术风格。河南辉县出土的吴王夫差鉴,形体巨大,在口沿处雕饰有面向器腹探首两龙,在龙的造型上动物丰富的体积结构细节全部简约化,将躯体整体雕饰成曲线形。上海博物馆藏的一件春秋时期的兽面纹龙流盉,流、鋬和盖钮分别雕塑了三只兽头,兽头的耳、吻、鼻部的造型都雕饰成云纹图案,从表面上看已经无从辨别是龙头拟或是牛头,完全成为装饰性的结构形态。上海博物馆藏的另一件龙耳尊,尊的造型平淡无奇而其两只几乎与主器等高的双龙雕塑十分夺人耳目,两只龙都做附器回首状,整体造型结构以S形曲线表现了龙身的婉转扭动,周身再无多余的雕饰,龙的两足塑以云纹,装饰形式美轮美奂。

上述几件青铜器雕塑的造型形态还残留有写实手法体积饱满的特点,很多青铜器的附件雕塑则完全是以结构的装饰性来表现的。河北平山出土的一件春秋时期方壶在壶的四棱脊上装饰着四条翼龙,龙的造型双目圆睁,张口昂首,蜿蜒攀附在器体上,雕塑整体呈扁方形,各部分结构块面明确,线条交错,形似剪影,整体的动态效果非常出色,这种似剪纸一样的平面效果,是极富装饰意味的。陕西宝鸡出土的一件秦公钟其剪影式的装饰雕塑更加复杂瑰丽,在铜器腹部的对称方位装饰有四个整体呈平面的扉棱,侧旁两扉由九条飞龙盘曲组成,前后四扉由五条飞龙和一只凤鸟盘曲组成,结构交连繁复曲折,又疏密有致,不紊不乱，结构匀称而富有韵律，既具有雕塑的复杂结构又具有平面装饰的图案效果，使得整器非常富丽，发挥了雕塑艺术的装饰功能。

在春秋战国时期的青铜器雕塑中，动物造型与器物完美相结合的青铜器逐渐减少，已经开始脱离器物的实用性而独立出来，成为雕塑与青铜器实用功能相结合的尾声余韵。动物形青铜器的动物种类减少，商、西周时期种类众多的动物形青铜器雕塑，如鸮、牛、豕、羊等在春秋时期很少出现，这一时期出现最多的是各种所谓神兽怪兽形青铜器，且器物实用功能不再以动物的造型加以掩盖，动物造型与器物实用性都很鲜明。如河南三门峡出土的兽形豆，豆的器物造型连铸在兽背上，二者自然结合，广西贺县出土的兽形尊，更是将动物的躯腹拟化为尊的鼓腹，背为尊盖，青铜器雕塑的实用性一目了然。（图5-21）

图5-21　兽形尊　战国早期

由于动物形的青铜器雕塑重新回归其实用器皿的本质,因此春秋战国时期的此类雕塑塑造比较粗陋随意,动物的造型比例结构失态。如江苏涟水出土的错金银牺尊、丹徒出土的兕觥,器体大而腿部矮短,丧失了雕塑结构造型的美;河北易县出土的象形灯,象的造型粗率,四肢比例失调,结构与现实动物相去甚远,不但写实性上无法和商西周时期此类青铜器雕塑所表现出的生动质朴率真相比,装饰性更缺乏商西周时期动物形青铜雕塑的庄重、典雅、瑰丽,显示出春秋战国时期动物形青铜器雕塑的朝朝暮气。(图5-22)

图5-22　象形灯　战国晚期

与春秋战国时期青铜器雕塑所显露出的雕塑艺术方面的没落相比,这一时期的铸造技术却突飞猛进。陶范铸造法是传统的行之有效的青铜铸造法,春秋战国时期陶范的制模总结了前人的经验,技术更加纯熟,母模、子模、套模、印模往往在一件器物上同时使用,已经能铸造出比较复杂的雕塑造型和精致细密的纹饰,且用陶范模铸造出的器物造型整体，能很好地反映出雕塑的细腻结构与体积起伏，从这一时期青铜器实物看，大多数仍能看出范线，证明仍是以陶范模铸造的。

分铸和焊接工艺的发展，为青铜器雕塑塑造更为复杂的造型提供了可能。虽然商西周时期分铸法已经大量使用，但一般附件比较少，只要先将分铸好的附件一次性连铸在器体上就完成了，春秋战国时期的分铸则复杂而烦琐，不但要先分铸附件，而且很多器形要分铸器身。如曾侯乙墓中出土的连禁大壶和大尊缶，体积特别巨大，器体是分二段三段铸造的，接铸处留有明显的凸箍带，这种工艺需极其复杂的技术程序和紧密的分工配合，说明当时的工艺流程相当成熟。不仅如此，比较复杂的青铜器往往是分铸和焊接技术相结合来完成的，河南淅川出土的一件铜鼎，器身由分铸法铸成，而足和附件是预先分铸完成然后再焊接到器身上。著名的曾侯乙墓出土的连禁大壶和尊缶、河南淅川出土的大鼎，还使用了更为先进的榫卯焊接法、铸出孔焊接法，这两种焊接连接比较紧密，在外观上已经很难看出接痕，保持了青铜器雕塑的完整造型。曾侯乙墓出土的青铜器中，还发现有用组装焊接法铸造的器具，如建鼓座，先将盘上所附的十六条龙，分别以范模铸成二十二节然后再行焊接，再将其焊接在座体预留的接头上，这种方法需要高超的铸造工艺，是非常罕见的。

春秋战国时期，青铜器雕塑的铸造特别需要一提的是失蜡法的运用，失蜡法最大的特点是以油脂或蜡塑型，然后在塑造好的蜡形上直接翻内外模，将范模烘烤焙烧使蜡熔化流出形成空腔再进行浇铸青铜即可。这种铸造方法不但省时省力，而且弥补了陶范模铸造不能表现特别弯曲、细小、叠加的复杂雕塑造型的不足。我国最早的失蜡法记载已在唐以后，但从春秋战国时期的青铜器雕塑造型实物来看，这时已经完全掌握了这一先进技术，曾侯乙墓尊盘和淅川出土的长方形大铜禁，都是我国青铜器雕塑采用失蜡法铸造的实例。曾侯乙墓尊盘，尊的口沿为两层的镂空透雕，外层有高低相间的蟠蛇纹，内层有交错的蟠龙纹，还有口沿上的四耳，也以镂空的透雕形式塑造，这些繁复交错重叠的雕塑造型互不衔接，彼此独立为一体，有极强的层次感，构思和技艺特别夺巧，为了便于雕塑造型和浇铸，雕饰的内层分布有复杂的连体铜梗结构，这是典型的失蜡法铸造痕迹。

随着失蜡法铸造技术的成熟，我国青铜器雕塑铸造精工细巧方面在春秋战国时代达到了顶峰，商、西周时期青铜器雕塑的浑厚、庄重、冷俊，逐渐演化为华丽、精巧、秀美的艺术风格，从一个侧面反映了社会生产力的进步对社会审美取向的改变。然而，作为商周青铜器雕塑重要组成部分的春秋战国青铜器艺术，青铜器雕塑也由此唯技术论而忽视对雕塑艺术本质的追求，结构上追求繁缛华丽和精巧，忽略了气势和雕塑感。这一时期的青铜器雕塑的美也更多地"使现实生活和人间趣味更自由地进入作为传统礼器的青铜器领域"，已经没有远古时代青铜器雕塑祭祀和礼教的象征意义，仅仅是作为现实生活中与人的衣食住行紧密关联的观赏、把玩的对象，不再以诡异的形象和厚重的造型摄人心魄。如果两者相比，春秋战国时代的作品"力量之厚薄，气魄之大小，内容之深浅，审美价值之高下，就判然有别"[1]，说明"当青铜艺术只能作为表现高度工艺技巧水平的艺术作品时，实际便已到它的终结之处"[2]。

---

[1] 李泽厚：《美的历程》，天津社会科学院出版社2001年版。
[2] 同上。

六、商周青铜器雕塑与中国古代雕塑艺术史

　　华夏民族五千年，古代雕塑不仅有着悠久的历史和优秀的传统，其独特的造型艺术观念和独特的艺术风格在世界艺术史上也独树一帜，自成体系。早在我国新旧石器时代，我们的祖先已经在石器的打造上显示出美的观念的自然流露和对美的创造，由最初的合手适用进而发展为对造型的比例、规律的简单认识，在陕西、甘肃、浙江等地发现的新石器时代的石斧、石镰、石刀，具有光滑的块面和规范的棱线，虽然制作简朴幼稚，但造型的结构感和体面感已经初露端倪。时代在发展，人类文明在进步，早期线与面结合的雕塑形态被广泛地继承下来，以河姆渡文化、龙山文化、仰韶文化为代表的新石器时代的玉雕，已经制作非常优异，这些玉雕作品无论是具有特定象征意义的玉琮、玉璧、玉斧，还是饰物类的玉璜、玉环、玉玦、玉镯，都在自觉不自觉中将具有结构感造型美的几何形体表现得完美精确，对空间实体结构所产生的立体效果的美的欣赏和追求是不言而喻的，那些更直接表现大自然中现实动物的玉龟、玉鸟、玉象，更是形象生动，质朴可爱，反映出雕塑艺术的美。制

陶技术的掌握，也为我国远古时期雕塑艺术的发展提供了可塑性更强的材料，仰韶文化、龙山文化遗址出土的小型人物陶塑雕像，表情丰富，人物动态和谐自然，体面饱满，结构准确，虽或作为陶器的附件装饰，但雕塑的形态得到了良好的发育，和玉雕一起成为我国早期雕塑的重要实例，为我国雕塑艺术的发展创造了良好的开端。

传统意义上的雕塑艺术，是以主要表现自然状态下的人抑或动物为主的，它是以独立的具有强烈感情内涵的三维立体形式出现的。我国远古时期的陶塑、玉雕表现的人物及动物形态完整，是符合雕塑艺术特征的，循着这一条主线，我国古代雕塑在秦汉时期取得了巨大的成就。秦俑对人物的外部立体结构形态、内心情绪的深入刻画以及汉代雕塑艺术表现出的朝气蓬勃，青春勃发的时代风貌都是通过空间立体造型表现现实生活丰富性的典范。起自魏晋至于唐宋，我国古代雕塑艺术发展到了巅峰，承着宗教文化这一特殊载体，北魏、隋唐以雕塑为主体开凿了规模宏大的佛教石窟，将对来世及现实幸福生活的幻想变换成佛、菩萨发自内心的微笑，美的形象都被以典型的雕塑艺术形式表现出来。世俗生活是艺术表现重要源泉，也是人类本性的集中展现，雕塑既然是对人的形象和内在心灵的揭示，也就必然是现实生活的真实反映。晋隋唐以后，中国古代雕塑由对人精神世界的美好向往转而面对现实生活带给人的痛苦和欢乐，寄托着强烈信仰而开凿石窟的雕塑形式，被那些仿佛从生活中走来的观音、罗汉所代替，形象写实了，动态写实了，与人的关系也拉近了，高大雄伟的寺庙殿堂里充满了世俗化了的雕塑艺术形象。中国古代雕塑的这一条脉络主线，构成了其雕塑艺术的全部历史，不仅没有中断过，而且前后呼应，和着历史每一个时期的政治、经济、文化发展活动的节拍，以中华民族独特的艺术观、审美观来表现人的丰富情感和对世界万物的独特理解，雕塑历史是辉煌灿烂的。

商周青铜器雕塑艺术，是中国历史从原始愚昧走向文明的艺术化反映，虽然这种时代的进步伴随着血腥的杀戮和极其残酷的阶级压迫，但人本质的善和恶都在时代的挤压下流淌出来，成为雕塑所能表现的最好题材。这种表现与中国雕塑史上各个时期对人性的揭露是一致的，所不同的是采用的艺术形式有别，创造了一种全新的与各个时代所不同的雕塑表现语言，丰富了中国古代雕塑的形式，这是商周青铜器雕塑在中国古代雕塑史上所具有的不同凡响的地位和意义所在。

商周青铜器雕塑不以人为主要的表现对象，而将雕塑艺术与生活中的实用器皿相结合，完成了以器造型，以型造器的过程，这是与商周时期的社会现实相吻合的。人类刚刚从与大自然的搏斗中走向文明，对神秘的大自然仍心存恐惧，还来不及关注自身的存在，这一时期的所有美好的东西都是为神灵存在的，雕塑当然也不例外，因此雕塑首先是应该有用的，而不是首先用来观赏的，基于这个观念，商周青铜器一开始以实用器的面目出现就是顺理成章的事实。掌握着财富、权力的奴隶主需要假借神的旨意用特殊的标志符号来维护自己的即得统治特权，青铜器雕塑被赋予了双重的内涵，为了达到上述目的，它的造型发生着剧烈的变化，一开始是在器物的造型雕塑上尽量传达着诡异、神秘、凝重甚至恐怖的力量，这种力量比直接以人的形象体态来表现显得更动人心魄，更扑朔迷离，这是和中国古代雕塑史上任何一个时期的雕塑艺术所不同的，然而商周青铜器并没有使器物的实用功能始终占据着主导地位，而是一步一步使之完善成为以型造器的雕塑艺术的特殊形态，实用功能减弱，它的内涵更加沉重和丰富。

商周青铜器雕塑这种以实用为依托的雕塑造型形式，不仅在中国古代雕塑艺术史上是独特的，在世界雕塑史上也是很罕见的，不仅是对中国雕塑艺术的一大贡献，在世界文明史上也占有特殊的地位。

作为世界文明重要组成部分的中华文明是一个五千年不断延续的完整体系，她的政治、经济、思想文化从来没有中断过，雕塑作为一种精神文化产品亦然。从中国古代雕塑艺术的整体来看，它是作为宗教的媒介和政治统治工具的面貌出现的，体现着一种特殊的权力象征，受着统治集团政治意愿的左右和制约，以秦俑、汉俑为代表的秦汉雕塑如此，以唐陵、宋陵帝王陵墓雕塑为代表的唐宋雕塑亦如此。雕塑被贴上了权力的标签，为统治者所占有，雕塑数量的多寡、体积的大小、动态的标准，都是用来衡量权力大小的，因此制作精美的雕塑可以埋入坟墓供死人享用，可以竖立在划为禁地的高大坟丘前普通人难得一见，雕塑的政治功用性凌驾于雕塑的艺术欣赏性之上。以宣扬神灵保佑来世与现实生活息息相关的宗教雕塑艺术，是精神生活的外在物象化，在存在阶级压迫的奴隶制和封建制社会成为麻痹人的实用工具，这是中国古代雕塑艺术的又一个重要的特点。自东汉佛教东渐进入中原王国，佛教的偶像很快便遍布大江南北，北魏开凿的云岗、龙门石窟由于统治者的大力资助，雕刻豪华，规模宏大，一方面说明佛教的说教正适合于广大大众的需求，另一方面也表明利用雕塑艺术作为宣传宗教政治的载体是何等的高明和有效。隋唐以降以佛教为主的宗教雕塑艺术在中国雕塑艺术中占有绝对的重要地位，符合了中国艺术富于幻想和追求完美的个性。

将宗教、政治与雕塑艺术完美契合，起自商周青铜器雕塑。在私有制急速膨胀的奴隶制社会，通过战争兼并手段取得私有权的奴隶主阶层为了夺取更多的私有财产，更加残酷而血腥地进行阶级压迫，为此急需一种精神的力量来麻痹和更好地掩盖这种赤裸裸的剥削行为，迷信鬼神很快被发现具有这一种无可比拟的强大功效，由于人类的蒙昧，对自身生命的来龙去脉和大自然破坏力的残酷无情都怀着巨大的疑惑和恐惧，幻想出一种神秘的力量正好可以用来解释原来无法解释的疑惑。"国之大事，在祀与戎"，商周时期的原始宗教思想将人的目光导向神秘莫测的神鬼世界，甚至国家的重大活动都要占卜、祭祀来完成，政治、经济文化都要围绕这个中心，作为本身并无特殊含义的青铜器雕塑被披上了神秘诡异的外衣，这一时期青铜器上遍布的兽面纹和幻想出来的具有灵异的龙、夔都将本来虚无的精神本质以可视形象表现出来，成为敬畏祖先神灵的标志物。西周时期奴隶制社会的政治基础日益稳固，经济文化的发展开阔了人们的视野，奴隶主贵族之间的矛盾，奴隶主与平民、奴隶之间的矛盾的都随着人性的觉醒而越来越尖锐，为了缓解这一矛盾，又搞出礼乐制度，意图以严格的礼制来约束人性的觉醒，其本质仍是宣扬天命论，以神与天的名义来维持统治者的特权，列鼎制度又一次将青铜器雕塑艺术推上了政治宗教舞台。

宗教一直是商周统治者不可忽视的政权支柱，从禹"铸九鼎，象九州"到鼎迁于商，再迁于周，青铜器在我国奴隶社会甚至是封建社会一直是至高无上的权力象征。西周时期青铜器雕塑已经完全成为政治权力的实体象征物，以鼎来说，失鼎即是失国，失去绝对的统治权。青铜器雕塑在商周时期显示出的特殊功用性表明，中国古代雕塑在商周时期已经与宗教、政治相结合起来，并以此为开端在此后的数千年间形成了一个完整的雕塑艺术链条。

商周青铜器还在中国古代雕塑史上起着重要的承前启后的作用。任何一个民族的文化艺术在某一个时期内都不是孤立存在的，都存在着对前代艺术的吸收与借鉴，进而形成具有某个时代本质特征、艺术品格的形式。我国远古时期的陶塑艺术虽然没有作为独立的雕塑艺术形式出现，但有一个特点是非常突出的，即有大量的雕塑是与陶器的制作相互并存的。早期人类无论出于什么目的，仅就作品而言，雕塑起到了美化装饰器物作用，它离人类的生活如此之近，只要使用这些装饰有雕塑的器具就能看到它，商周青铜器无疑是继承了这一特殊的雕塑艺术形式的，并把它发挥到了无可比拟的极致。商周青铜器铸造制作的最主要的目的是在神圣、诡秘的祭祀仪式、庄严隆重的宗庙活动和奴隶主贵族宴享的坐席上为表达一定的思想内容而使用的，这种实用性并不是一般意义之上的使用，而是将之与对神灵的敬畏和对礼教、特权的维护相联系，也即只有神圣的祖先、神灵和自诩为其子孙的奴隶主贵族才能享用，是和奴隶、平民疏离的。这种以生活实用器来表达思想内容的艺术形式，也是和远古人类的生存状态相一致的。人类在与大自然的拼搏中，生存是其第一要务。在我们的祖先看来，食物是维持生命的重要一环，没有食物意味着生命的结束，在他们看来，实用的器具和食物分不开，有了食物和盛放食物的器具，生存才能有保障，因此祭祀祖先首先要贡奉最好的食物。为了表达隆重和敬仰，他们更制作了最华美的器具来盛放这些祭品，神灵虽然看不到，但在远古人类的意识中，他们仍然是有生命存在的，能够操纵人类的生死祸福，像青铜器雕塑上雕饰的奇禽怪兽那样，长着不类人本身的五官四肢与躯体，也是另一种高于人类形式的生命存在。虽然这与石器时代人类装饰器皿是为了自误自乐，为了自身的审美愉悦不同，但所表达的功能是一致的，只不过商周青铜器的雕饰已经不再是个体自身对美的需求，而是强迫人在观看到这些诡异神秘而华丽的青铜器时，更多的是联想起与人类若即若离的祖先神灵的高贵与神圣。

商周青铜器雕塑不但继承了我国石器时代雕塑与实用器结合的传统，而且也继承了彩陶艺术对美的规律的认识和美的外在形式，将平面的装饰用雕塑造型的立体形式表达出来。我国早期彩陶艺术对线的运用是极其丰富的，以线条组合的几何形具有完美的规则感和对称感，在商周青铜器雕塑艺术上都能看到，那些遍布青铜器的大兽面纹是以鼻脊为中心左右对称，在对称的稳定感中寻求完美和冷峻，装饰纹样也是以对称为基本构图方法的，通过对称的线条造成一种平衡感，这种对称形式所体现的平衡和稳定，正是远古人类心灵深处对生存环境的一种隐性需求，而不自觉地通过造型艺术流露出来。对线的运用也是在继承远古艺术形式的基础上发展成熟的。线是平面造型艺术的最基本形式，抽象的线可以通过弯曲、交叉、平行、重复造成对视觉的冲击，彩陶艺术就是以线为基本造型元素，配合以点与面构成丰富的形式结构变化，取得一种特殊的简单抽象的美，商周青铜器雕塑对线的利用可谓无处不在，云纹、勾连纹、雷纹、波曲纹都是对线的运用，即使是雕塑上也用线来刻画造型体积结构的细节部分，取得了很有韵味的装饰效果。

商周青铜器雕塑对线的运用，使立体的雕塑结构与平面的线两者结合起来，面中有线，成为中国古代雕塑艺术线面结合的启蒙，这种启蒙包括两个含义：其一是对"S"形曲线的追求，曲线具有完美的律动感，有优美的形式，又有强烈的运动感，商周早期的雕饰艺术运用的多为转折为直角的曲折线，意在强调折线的力量和硬度，而在西周以后这种曲折线一变而为具有反向双弧的曲线，说明造型艺术已经由庄重理性的美转而追求生动、优美、感性的美，真正成为更为人们审美意趣所欣赏的美，这种曲线在商周以后的中国视觉艺术中成为造型的主流形式，它凝练折射出一种空灵舒展的艺术品位，反映了纯艺术的形式美感。其二，商周青铜器雕塑也追求整体轮廓的曲线感，虽然有实在的体积，但结构曲线化了，为了表现出动感，可以省略所有不利于这种形式表达的细节，这种情况在商周后期的青铜器雕塑中表现得极其明显。典型的代表就是曾侯乙墓出土的精美的青铜器，那婉转的夔龙，互相交缠在一起，怪兽的身躯和足爪都极力夸张成曲线造型，很富有动感和张力，这种形式在中国古代雕塑艺术中代代相传，虽经时代所赋予的风格不同，但这种线面结合的雕塑形式已经深入骨髓，西汉、魏晋的陵墓石兽完全能够看出青铜器雕塑的影子，而唐宋石窟和寺庙雕塑中飘逸的衣褶和优美而变化丰富的人物形象都幻化为看似简单实则复杂的面与线的结构之中，追根溯源，都能在商周青铜器雕塑中找到它们的根。

商周青铜器雕塑艺术的风格也是极其独特的，在中国古代雕塑艺术史上前无古人后无来者，这恰恰说明了商周青铜器雕塑的可贵艺术价值。这种表现出的诡异、瑰丽的美虽然在那个时期是有其浓厚的宗教政治意义的，但青铜器雕塑最初不管是有意还是无意，都是在塑造一种美的形式，追求一种美，也只有美才使这种雕塑艺术形式历千年不衰。

中国艺术向来重意而轻形，意在笔先。为了表达出所表现的人物情感，善于抓住其本质的特征，外在形式是为这种本质的东西所服务的，总体上来看是以意象的方法来表现现实生活中的美，这种多以主观意志为出发点所表现出的艺术的意象特点，把生动地反映人物精神状态和性格特征作为艺术表现最高准则的观念，贯穿着中国古代艺术的始终。商周青铜器雕塑的美是以意象的手法来表现的，虽然它所选取的表现对象不是以人为主，但其内核是相同的，即是为了表达一种主观观念将形式进行特定的改造，以特殊的造型来显示特殊的精神内涵。商周青铜器雕塑为了显示神灵的神秘不可侵犯，为了阐释礼教的神圣、庄严，选择不为世所见的或将现实所见的物象加以改造，借以传达出一种人为设定好了的思想状态，受到这一主旨的指导，商周青铜器的雕塑形象可以随意组合，创造新的形象，大型的兽面纹类牛而不似牛，类虎而不是虎，说明它的本意不在写实，而在于以抽象化的写意的形态承负神秘莫测的精神世界。

综上所述，商周青铜器雕塑在中国古代雕塑乃至中国古代艺术史上占据着极其重要的地位，它继承了原始时期雕塑与实用器造型相结合的特点，并改造与完善了这一特殊的雕塑艺术形式；它的出现将中国古代雕塑串成了一个完整的链条，使前代艺术的精华一步步传承下去；它还具有独特的艺术风格，那些显露出的诡异、瑰丽的美，使中国雕塑艺术形成多样风格，令人耳目为之一新；它的以意象手法造型的观念更是引导着中国后代艺术的前进方向，由于它的年代如此久远，可以说商周青铜器雕塑艺术对于中国古代艺术做了很多基础性的工作，对中国古代艺术立于世界之林起到了极其重要的和关键的作用。

主要参考书目

[1] 王子云：《中国雕塑艺术史》，人民美术出版社1988年版。

[2] 马承源：《中国青铜器》，上海古籍出版社2003年版。

[3] 刘蕙孙：《中国文化史稿》，文化艺术出版社1990年版。

[4] 李泽厚：《美的历程》，天津社会科学院出版社2001年版。

[5] 杨振国：《中国绘画》，上海人民美术出版社2001年版。

[6] 高蒙河：《铜器与中国文化》，汉语大词典出版社2003年版。

[7] 郭旭东：《青铜王都》，浙江文艺出版社2003年版。

[8] 刘道广：《中国古代艺术思想史》，上海人民出版社1998年版。

[9] 曹桂生：《美学入门》，陕西人民出版社1998年版。

[10] 张跃辉、刘家胜：《三星堆博物馆》，四川少年儿童出版社1980年版。

[11] 顾永芝：《艺术概论》，江苏古籍出版社1989年版。

[12] 刘凤君：《美术考古学导论》，山东大学出版社2002年版。

[13] 龚延明：《中国通史》绘画本，浙江少年儿童出版社1999年版。

［14］徐高祉：《中国古代史》，华东师范大学出版社 1992 年版。

［15］徐建融：《中国美术史标准教程》，上海书画出版社 1992 年版。

［16］郭沫若：《两周金文辞大系图录考释》，科学出版社 1952 年版。

［17］张光直：《中国青铜时代》，生活·读书·新知三联书店 1990 年版。

［18］马承源：《上海博物馆藏青铜器》，上海人民出版社 1964 年版。

［19］杜乃松：《中国青铜器发展史》，紫禁城出版社 1996 年版。

［20］陈梦家：《美帝国主义劫掠我国殷周青铜器图录》，科学出版社 1963 年版。

［21］郭宝均：《商周青铜器群综合研究》，文物出版社 1981 年版。

［22］李学勤：《东周与秦代文明》，文物出版社 1989 年版。

［23］华觉明：《中国科技典籍研究》，大象出版社 1987 年版。

［24］中国青年出版社编：《祖国》，中国青年出版社 1981 年版。

［25］中国青年出版社编：《中国古代史常识》，中国青年出版社 1980 年版。

［26］中国成人教育协会成人高等学校招生研究会编：《艺术概论》，辽宁大学出版社 2000 年版。

［27］中央美术学院美术史系中国美术史教研室编：《中国美术简史》，高等教育出版社 1990 年版。

［28］中国社会科学院考古研究所编：《殷墟妇好墓》，文物出版社 1980 年版。

［29］中国青铜器全集编辑委员会编：《中国美术分类全集——中国青铜器全集》，文物出版社 1996 年版。

后　记

　　写完最后一个字，展卷再想、再看，情不自禁发出感慨，我国青铜器艺术太浩繁、太伟大了。在那个生产力水平并不发达的远古时代，我们的祖先将自己的精神和智慧化作青铜铸造出了杰出的精美的雕塑艺术品，且时间持续如此之长，造型语言形式保持得如此之完整统一，艺术水平又如此之高，在世界雕塑艺术史上也是绝无仅有的。作为一个中国人，一个从事雕塑工作的艺术工作者，为我们的祖先和我们民族的文明备感自豪。雕塑家在中国历史上向来是被鄙视和遗忘的，雕塑被视为雕虫小技，雕塑家被视为下等工匠，商周时期更是如此。就在这样恶劣的环境中，中国古代雕塑还是开出了绚烂的艺术之花，这说明什么呢？说明人的审美是天生的，人类向往美好的东西，有时就像吃饭睡觉一样自然而然；说明中华民族是一个乐观开朗、聪明智慧、勇于创造的民族，他们创造的精神艺术产品是任何灾难都不能毁灭的。新中国的建立，特别是改革开放以来，经济发展人民生活水平和审美水平提高，文艺百花齐放，雕塑艺术真正迎来了温暖的春天。回头看一看我们祖先曾取得的成绩，我们不仅有必要、有理由从传统中吸收营养，而且更要在此基础上努力创新，从而使中华民族文明得到发扬光大。

因为有了良好的学术环境，致力于发扬优秀中国传统文化的有志之士著书立说，在浩如烟海的中国文化中各撷一枝，深入研讨，使其血脉更加清晰，商周青铜器也是一个极为重要的关注点。在中国商周青铜器的研究中，青铜器是不是雕塑成为一个大问题，大部分学者将其归于实用美术、工艺美术范畴。这主要是从表面上看青铜器雕塑之所以为器，是因为它最初的形态是以器为主，以实用为主的，只是随着时代的发展，社会政治文化的变化，我们的祖先自觉不自觉地将器转化为具有很强雕塑性质、审美形式的雕塑艺术。这正是商周青铜器雕塑的独特之处，它与器结合，又完全超出了器的本质功能，且并不是所有的青铜器都具有雕塑的形态，是与不是相互混杂，很难一刀分清，但又不得不分清。

为了做商周青铜器雕塑的研究，作为初涉其间的我，查了大量的前辈著述和有关的美术理论，从四个方面详细说明了青铜器雕塑所具有的特点。第一点，从青铜器雕塑的制作入手。雕塑即为雕与塑，简单地说雕就是在材料上去除多余的，塑就是在少的地方再加上一块，它有一个极为特殊制作的过程，完全不同于平面的绘画艺术。从事雕塑工作的人都知道，一件雕塑艺术品最初是以具有黏性的软性材料进行塑造的，但这并不是雕塑制作过程的全部。软性材料塑造的雕塑造型一般必须转化为硬质材料才便于保存、搬运、陈列、欣赏，又由于其立体性要转换为硬质的其他材料必然要先翻制阴模，在阴模中填充其他可变为坚硬的材质，最终才能完成一件雕塑，这是雕塑的特殊之处。其他艺术一般不具备这种特性或者只具某一部分制作过程，商周青铜器雕塑就完整地进行了这一过程。第二点，在理论上确立其雕塑艺术的地位。雕塑是三维立体的，是物质的，是以最简洁最本质的造型语言表现人类情感的艺术，它不借助环境和文学语言来说明，商周青铜器雕塑是具备这一特点的。它以凝固的始终如一的造型形象和造型结构，为我们展现了商周时期社会的精神面貌，它完全不同于平面的绘画，而且比绘画更有力和更精练。第三点，从雕塑表现技法来研究商周青铜器雕塑的雕塑造型和艺术手法。每一类别的艺术形式为了达到深化主题取得审美的体验，都有其更加详细独特的表现手法，雕塑也不例外。由于其立体，雕塑除了通常所见到的圆雕、浮雕手法外，技法又根据材料、光线、环境的不同有自己的变化。比如，当圆雕固定于某一建筑或环境中时，只以180度的观赏角度来显示体积结构，背面常常看不到或不易看到时，通常就以半圆雕的形式出现，如石窟艺术，既有完整的雕塑形态又充分考虑了雕凿与稳固的问题。浮雕就更加丰富，根据压缩艺术处理的程度不同，又有高浮雕、浅浮雕、平面雕线刻之分，这在我国雕塑艺术中也是很常见的，以之看商周青铜器，不难发现这些手法的合理与娴熟运用。好在自己就是搞雕塑的，这一方面既有理论又有实践，研究起来比较驾轻就熟一些。第四点，对商周青铜器雕塑艺术风格的研究。关于商周青铜器雕塑艺术的风格，现在比较流行的也是美术理论、史学界比较认可的是李泽厚先生的狞厉说。李泽厚先生在他的《美的历程》一书中用很长的篇幅进行了论证，但本人认为狞厉说有不够准确的地方。首先用狞厉来概括奴隶社会奴隶主统治阶级对奴隶的残酷压迫本色是比较笼统的，对于青铜器雕塑艺术来讲，它也只能代表一个时期的某个时段的艺术风格。比如，商代的青铜器雕塑艺术以祭祀文化为主，就体现得比较明显，而到西周春秋时期，由于礼教的建立，阶级矛盾稍有缓和，狞厉就不足以概括青铜器雕塑艺术的整体风格了，加之商周青铜器本身是一个比较统一完整的艺术形式，以一个时段的艺术风格就不能代替整个艺术风格的全部。因此，本书提出了新的看法，即商周青铜器雕塑的诡异风格，不管是祭祀文化还是礼教文化，都是建立在神秘文化基础之上的。奴隶主本身迷信或者说逐渐在利用这种迷信来达到统治的目的，这在商周时期中国文化中是一脉相承的，反映到商周青铜器雕塑艺术上也很明显。"诡"含有神秘、恐惧的意思，"异"就是奇异而与众不同，诡异基本上可以说明商周青铜器雕塑艺术的风格内涵。

除了查询有关的资料，在写本书时还就有关问题特询了许多前辈和同人，听取他们的有关见解，获益不小，对丰富本书的内容起到了很大的作用。特别是我的父亲张叔瀛教授，作为新中国雕塑事业的早期开拓者和实践者，对中国传统雕塑曾做了大量的考察研究整理工作，为国家很多重要的大型雕塑制作留下了汗水，特别是对雕塑的制模深有研究，在本书关于商周青铜器雕塑的范模制作研究中，提出了很多重要的设想和意见。当代雕塑的翻制模具，最普遍的是用石膏材料，其迅速凝固的特性使我们不必顾及用软性材料制作的雕塑造型是否会在翻模过程中受到损坏。而商周时期的青铜器雕塑一直是用特殊的泥料来制范模的，这样雕塑和制模材料性质相同，极有可能在制范模时损坏雕塑泥型，远不像史学家研究出来的青铜器制模那么轻便简单，究竟是按模还是灌模？内范模是灌浆还是贴泥？其间学问很多，也可见我们祖先的智慧水平不是能一言而概的，在这一部分我父亲的指导显得非常重要和切实。

对本人来说，自学生时代到进入大学雕塑教学岗位，对中国古代传统雕塑艺术就抱有浓厚的兴趣。经过对石窟、寺庙、陵墓雕塑的长期考察，耳濡目染，对中国古代雕塑的理解渐深，也很关注前辈同人对这方面的研究，之余又想把自己的一些想法看法写出来。商周青铜器雕塑由于在中国古代雕塑艺术史上通常都写得寥寥，但又不能回避和轻视，这引起了我的深思和兴趣，下决心做一个比较专业的研究。写作中也曾夜不能寐，往返于图书馆和学校食堂之间，唯尽自己的浅陋学识，极自己所能，以尽量详细的资料发表自己的拙见，也往往感到词不达意，仍有错讹出现，但想此书能做到抛砖引玉，引起更多的人来关心重视商周青铜器艺术，更多的人来深入研究商周青铜器雕塑艺术，能达到这个目的也是对中华文化的一个贡献。

此书即将完稿之时，有消息传来，报道在陕西韩城又发掘了西周时期的一个贵族墓葬。其中出土了大量整套的青铜礼器，而且保存完好，体形巨大，铭文清晰于史可考。这使自己对商周青铜器艺术的研究信心倍增，更觉对其研究的重要。能为中国古代雕塑艺术重要组成部分的商周青铜器雕塑写一些东西，幸甚，幸甚。

最后，对给予支持和协助的有关前辈同人及出版社道声谢谢。

张耀

再 记

考古资料证实，铜是人类发现并最早利用的金属。中国则在六七千年前的仰韶文化时期也已有相当明确的铜制品出现。随着中华文明的发展，到距今三千多年的夏、商、周时期，以铜为材料制作的生活用品、艺术品等已经非常普遍，举凡社会政治、经济、文化等，铜在社会生活中占据着十分重要的地位。这一时期大量的青铜器丰富多彩，从其数量、质量、文化内涵等各方面来说，形成了一个十分辉煌灿烂的青铜时代。

中国的青铜时代在世界文明史上地位显著。首先，中国古代铜制品的出现虽晚于欧洲、两河及埃及文明，但却逐渐在社会生活中扮演着重要的角色。从"禹铸九鼎"到"藏礼于金"，当时的政治、经济、文化甚至生活风俗都在青铜器上有所反映，其密切的程度是其他任何一种文明都无法比拟的。我们从中可以了解当时十分详细的历史文化信息，可以说是中华文明血脉的重要载体之一，是集中中华文明历史的特殊见证。其次，商周青铜器的出现，在造型艺术上也是十分独特的，其显现的是与世界其他文明所迥然不同的艺术形式。当希腊、两河、埃及文明使用青铜材料铸造人物及动物等传统意义上的雕塑艺术的时候，我们的祖先却选择将雕塑艺术与青铜器相结合的道路，使雕塑的美、青铜器的实用性相完美结合，并将宗教、哲学、艺术的观念注入其中，形成的青铜器雕塑艺术形式独特而醇厚，在世界范围看无论是形式、内容都独树一帜。再者，中国商周青铜器不仅造型艺术形式独特，其艺术水平也达到了很高的程度。自汉代有零星的商周青铜器出现，迄今为止，其造型艺术水平全貌给人留下了深刻的印象。雕塑艺术上，其涉及了圆雕、浮雕、平面雕等各种艺术手法；风格上，由于时代的不同或凝重，或华丽，或繁缛，色彩缤纷；内容上，装饰纹样，现实人物、动物，主观想象中的神兽等也都大量出现。塑造的艺术水平不仅同同时代其他艺术品相比技法高超、形式多样，而且在中国古代艺术品之中也是可圈可点，充分地反映了时代的审美思想和艺术特色。最后，商周青铜器雕塑艺术的铸造技术也达到了很高的水平。雕塑的完成要经过塑形、制模、转换成硬质材料（如铸造青铜）的过程，技术是一个必备的条件。从商周青铜器雕塑的制作水平看，在三千多年前，我们的祖先已经掌握了一套极其复杂的青铜铸造流程技术，无论是陶模铸造，还是后期的失蜡法铸造，均将青铜铸造技术运用得炉火纯青。因此从铸造成的青铜器看，雕塑清晰，镂空复杂，层次鲜明，尤其是要通过铸造表现出雕塑艺术的生动性、多样性，其技术水平都是一流的。

正是由于中国商周青铜器雕塑艺术的独特性，对其所反映的艺术观念、艺术规律、艺术制作手法等都是我们研究中国古代艺术特别是雕塑艺术所不能回避的。这部书即是基于对商周青铜器的不断研究与关注所撰写的,它的主要观点是将商周青铜器纳入中国古代雕塑艺术的大范围之中,从雕塑的角度发现其艺术规律,从而形成一个较为系统理论化的小结。虽然还不够十分成熟,但仍期望能引起大家的共鸣,使商周青铜器雕塑艺术的价值更加凸显出来。

这部书加入了一些商周青铜器雕塑的图片资料,使读者可以对照图片进行阅读,以期给大家一个更加清晰直观的印象。再次感谢广大读者的关心,感谢出版社同人的辛勤工作,同时请广大读者多提宝贵意见。

张耀

附图：部分流失海外的商周青铜器图录

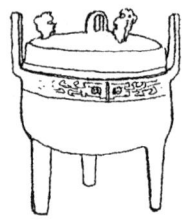

兽面纹鼎
美国纽约赛克勒 藏

龙纹扁足鼎
美国火奴鲁鲁艺术学院 藏

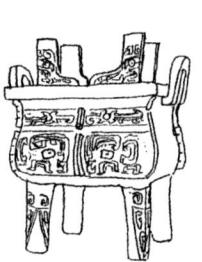

䇽方鼎
美国大都会博览馆 藏

兽面纹扁足鼎
美国纽约赛克勒 藏

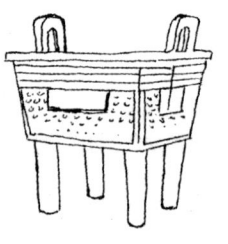

大祝禽鼎
美国圣路易斯艺术博览馆 藏

兽面纹鼎
比利时布鲁塞尔艺术与历史博览馆 藏

附图：部分流失海外的商周青铜器图录 | 195

兽父方鼎
美国旧金山亚洲艺术博物馆 藏

㽙方鼎
美国旧金山亚洲艺术博物馆 藏

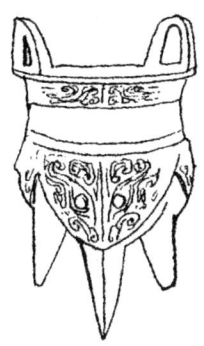

兽面纹鼎
日本宁乐美术馆 藏

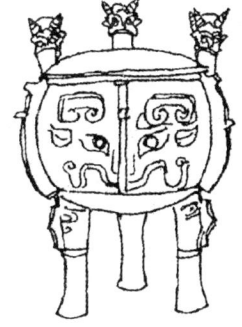

牛鼎
美国宾州大学博物馆 藏

兽面纹觥
美国旧金山亚洲艺术博物馆 藏

酗亚觥
日本出光美术馆 藏

商周青铜器雕塑

虎鸮合体觥
美国弗利尔美术博物馆 藏

仲子其弪觥
美国旧金山亚洲艺术博物馆 藏

羊觥
日本藤田美术馆 藏

小臣艅尊
美国旧金山亚洲艺术博物馆 藏

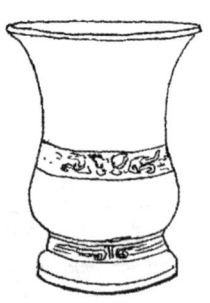

趞尊
美国弗利尔美术博物馆 藏

效尊
日本白鹤美术馆 藏

附图：部分流失海外的商周青铜器图录

兽面纹尊
日本东京国立博物馆 藏

牺觥
美国福格博物馆 藏

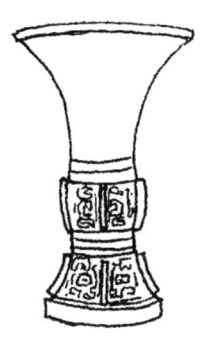

陂觚
美国纽约赛克勒 藏

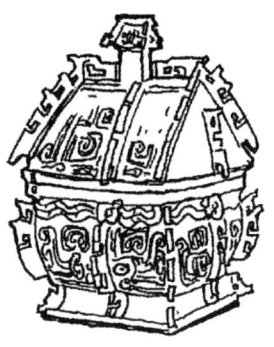

令方彝
美国弗利尔美术博物馆 藏

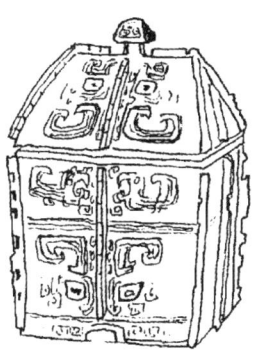

兽面纹方彝
日本白鹤美术馆 藏

兽面纹卣
美国旧金山亚洲艺术博物馆 藏

兽面纹方卣
日本白鹤美术馆 藏

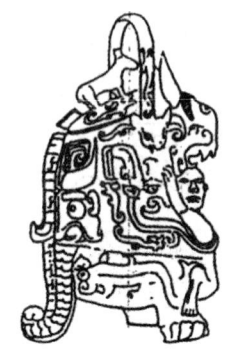

虎食人卣
日本泉屋博物馆 藏

凤纹卣
美国克利夫兰艺术博物馆 藏

鸮卣
美国弗利尔美术博物馆 藏

鸢卣
美国弗利尔美术博物馆 藏

鸳尊
日本泉屋博物馆 藏

附图：部分流失海外的商周青铜器图录 | 199

庚嬴卣
美国福格博物馆 藏

太保鸟形卣
日本白鹤美术馆 藏

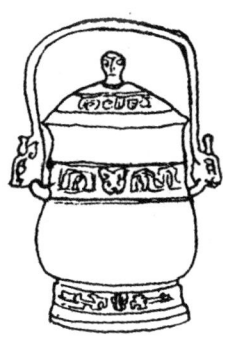

乡卣
美国福格博物馆 藏

蛙耳卣
美国旧金山亚洲艺术博物馆 藏

兽面纹卣
美国旧金山亚洲艺术博物馆 藏

守宫卣
美国福格博物馆 藏

五年琱生簋
美国旧金山亚洲艺术博物馆　藏

牛簋
美国旧金山亚洲艺术博物馆　藏

牽簋
美国弗利尔美术博物馆　藏

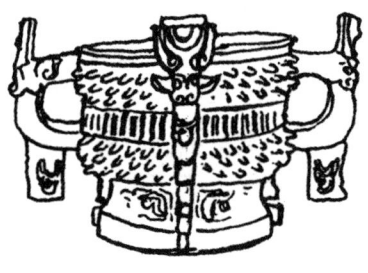

四耳簋
美国弗利尔美术博物馆　藏

变形兽纹簋
美国纽约赛克勒　藏

王伯姜壶
美国旧金山亚洲艺术博物馆　藏

附图：部分流失海外的商周青铜器图录 | 201

梁其壶
美国旧金山亚洲艺术博物馆　藏

师望壶
英国不列颠博物馆　藏

伯矩壶
美国弗利尔美术博物馆　藏

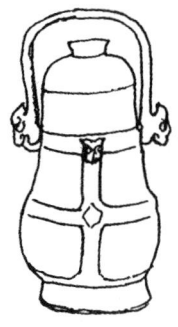

父己壶
日本大孤市立美术馆　藏

白鱼父壶
美国明尼阿波利斯艺术研究所　藏

人面龙身盉
美国弗利尔美术博物馆　藏

季老或盉
英国不列颠博物馆 藏

尹父盉
美国纽约大都会博物馆 藏

师辅盉
瑞典威尔逊 藏

兽面纹方盉
日本根津美术馆 藏

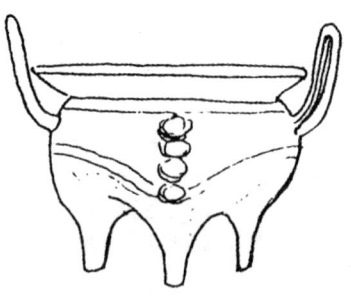

斜纹鬲
美国纽约赛克勒 藏

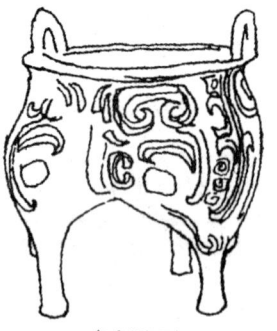

鲁候熙鬲
美国波士顿美术博物馆 藏

附图：部分流失海外的商周青铜器图录

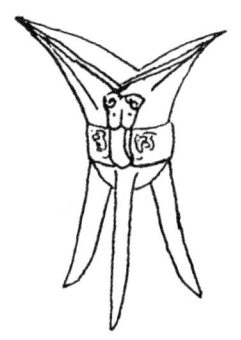

天丁角
美国圣路易斯艺术博物馆 藏

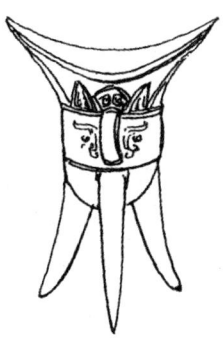

宰㭰角
日本泉屋博物馆 藏

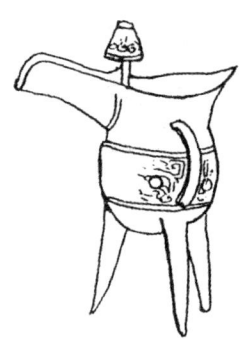

兽面纹爵
美国国旧金山亚洲艺术博物馆 藏

㝬壶
美国旧金山亚洲艺术博物馆 藏

善夫克盨
美国芝加哥美术馆 藏

旅盘
美国旧金山亚洲艺术博物馆 藏

鸟纹禁
美国纽约大都会博物馆 藏

兽面纹鲜
美国旧金山亚洲艺术博物馆 藏

兽面纹刀
美国弗利尔美术博物馆 藏

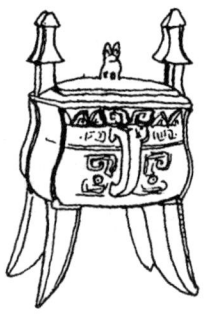

邓方斝
美国弗利尔美术博物馆 藏

蟠蛇纹豆
美国费城博物馆 藏

勾连雷纹双流爵
日本白鹤美术馆 藏